burda

Kochspaß durch Farbbilder

Kochbuch Nr. 17

Von der Vorspeise bis zum Dessert – über 200 Rezepte mit Kalorienangaben

Rezepte:	burda-Kochstudio
Chefkoch:	Ernst Birsner
Redaktion:	Edith Hundhausen
Fotos:	burda-Fotostudio Gerd Feierabend
Druck:	⊘ Reiff-Druck, 7600 Offenburg

1. Auflage (1. – 50. Tausend)
© 1977 Verlag Aenne Burda
D 7600 Offenburg
ISBN 3-920 158-20-2
Printed in Westgermany

Vorwort

Dieses Bildrezeptbuch enthält die schönsten Kochideen aus „burda moden", quer durch den gesamten Rezeptbereich. Zusammen mit dem Band 1 und dem im Herbst 1977 erscheinenden Band 18 aus der Burda-Kochbuchreihe besitzen Sie eine Sammlung von fast 800 bebilderten Rezepten aus der internationalen Küche. Diese drei Bände mit ihrem universellen Inhalt sind die Grundlage der Burda-Kochbuchreihe. Sie werden von den anderen Bänden mit ihrem spezielleren Inhalt ergänzt und vertieft.

Im vorliegenden Band Nummer 17 finden Sie Vorspeisen und Salate, Suppen und Soßen, Fisch und Fleisch, Wild und Geflügel, Beilagen, Hauptgerichte, Eintöpfe, Desserts, Backwaren und Getränke. Weil jedes Rezept auch im Foto gezeigt wird, erhalten Sie zusätzlich interessante und anschauliche Informationen über Geschirr und Anrichtemöglichkeiten.

Selbstverständlich ist jedes Rezept im Burda-Kochstudio erprobt.

Ein Buch, das auch der erfahrenen Köchin viel Neues und Anregendes vermittelt.

	Seite:
Vorspeisen und Salate / Kalte Platten	9–32
Suppen / Soßen	33–48
Fisch / Eierspeisen	49–68
Fleisch / Wild / Geflügel	69–102
Beilagen / Hauptgerichte / Eintöpfe	103–130
Süßspeisen	131–158
Kuchen / Torten / Kleingebäck	159–188
Getränke	189–200

Inhaltsübersicht

Vorspeisen und Salate / Kalte Platten — Seite

Vorspeisen und Salate

Bananen-Blumenkohl-Salat	26
Eiersalat	23
Käsetoast mit Birne	14
Käse-Würstchen	16
Kraut-Ananas-Salat	12
Leber- und Blutwurst in Marinade	20
Möhren-Weißkraut-Salat	27
Nudelsalat „Dänische Art"	25
Pastetchen mit Ragoût fin	11
Roter Heringssalat	24
Salat Astoria	22
Salat „Café Anglais"	19
Schlesisches Häckerle	21
Spargel-Cocktail „Frühlingsabend"	10
Spargeltoast mit Lachs und Rührei	15
Tilsiter Käsetoast	17
3 kleine Vorspeisen	18

Seite

Schinkenrolle mit Palmenmark	
Törtchen, pikante, mit buntem Salat	
Tomaten, gefüllte, mit Maissalat	
Waldorfsalat	13

Kalte Platten

Ochsenzunge, kalte,	
mit Artischockenherzen	29
Rehbraten, kalter, mit Waldorfsalat	28
Schinkensülze	30
Spargelsalat „Bündner Art"	32
Sülzkoteletts	31

Suppen / Soßen

Suppen

Fischcremesuppe	39
Fischsuppe „Mallorquina"	38
Gemüsesuppe mit Fleischklößchen	35
Kalte spanische Salatsuppe (Gazpacho)	37

	Seite
Kräutercremesuppe	41
Leberknödelsuppe	43
Muschelsuppe, gratinierte	40
Spinatsuppe	36
Suppe à la Gärtnerin	42
Tomatensuppe mit Mais	34

Soßen

Cumberlandsoße	48
Krabbensoße	44
Madeirasoße	45
Pikante Soße	45
Rumsoße	47
Sauerkirschsoße	55

Fisch / Eierspeisen

Fisch

Fischklöße, überbacken, mit Champignons	60
Fischragout „Räucherkate"	52
Forellen, gefüllte	50
Forellen „Hoteliers-Art"	61
Goldbarschfilet „Bonne Femme"	53
Hechtschnitten in Kräutersoße	57
Heilbutt, gedünsteter, mit Krabbensoße	59
Heringe, gebackene, mit Kartoffelsalat	54
Karpfen blau mit Sahne-Meerrettich	58
Makrelen in Kräuterbutter	62
Salm, echter, mit Holländischer Soße	56
Schollenfilets, gebratene, mit Kräutercreme	55
Seezungenröllchen in Hummersoße	51

Eierspeisen

Eier in Gelee	68
Eierpfanne mit Champignons und Sahne	65
Omelett mit Kräutern	64
Pastetchen mit Tomaten-Rührei	63
Russische Eier	66
Verlorene Eier auf Tomatenreis	67

Fleisch / Wild / Geflügel

Fleisch

Chinesisches Schweinefleisch	92
Curry von Schweinefleisch	84
Hammelkeule „Bäckerin-Art"	87
Hawaii-Steaks, pikante	73
Kalbsfrikandeau, gebratenes	77
Kalbsleber provencalisch	70
Kalbsrücken „Orloff"	81
Kasseler, warmes, mit buntem Kartoffelsalat	79
Lammragout mit Curry	90
Rahmschnitzel mit Jägersoße	86
Rinderzunge mit Madeirasoße	71
Rindfleisch mit Paprikaschoten	91
Roastbeef, gebratenes	82

	Seite
Rouladen „Hausfrauenart"	89
Schinkensteaks, gegrillte, mit Rührei	72
Schmorbraten, pikanter	83
Schwarzwälder Schäufele	74
Schwedische Fleischklöße	75
Schweinebraten „Florida"	76
Schweinekoteletts, gefüllte	78
Schweineröllchen mit Käse	85
Szegediner Gulasch	88
Wiener Tafelspitz mit Apfelkren	80

Wild und Geflügel

Brathähnchen mit Morchelsoße	94
Fasan Winzerin Art	99
Hähnchen, gekochtes, mit Paprikasoße	93
Hähnchenherzen in pikanter Soße	101
Hähnchen in der Tonform	98
Hähnchen mit Krabbensoße	97
Hähnchen Veroneser Art	102
Huhn à la Königin	100
Pastetchen mit Wildragout	96
Wildschweinragout mit Semmelknödel	95

Beilagen / Hauptgerichte / Eintöpfe

Beilagen

Blumenkohl, italienisch	104
Blumenkohl mit Käsesoße	105
Broccoli, überbackener	107
Porree mit Käse überbacken	106
Rosenkohlgemüse mit gebratenem Käse	108
Rosenkohl „Vinaigrette" mit Schweinebraten	109
Sellerie Meraner Art	110

Hauptgerichte

Brabanter Kartoffeln	115
Grünkohl mit Bauernbratwurst	111
Käsekartoffeln, gebackene	113
Käsesoufflé mit Schinken und Lauch	117
Kartoffelpuffer	119
Kohlrabi-Gemüse mit Hähnchenbrüsten	123
Maiskolben mit Butter und Schinken	114
Paprikakartoffeln mit Rostbratwürstchen	125
Rosenkohl in Specksoße	116
Rosenkohl im Teig	120
Schwarzwurzel-Pfannkuchen mit Joghurt-Soße	118
Sellerieklopse	121
Subrics mit rohem Schinken	124
Tomatengemüse mit Buletten	122
Ungarisches Sauerkraut	112
Weiße Bohnen in Tomatensoße	130

Eintöpfe

Bohnen, Birnen und Speck	127
Frühkohl mit Möhren und Schweinefleisch	126

	Seite
Serbisches Reisfleisch	129
Türkisches Auberginengericht	128

Süßspeisen

Süße Hauptgerichte

Apfelpfannkuchen	133
Birnen-Auflauf	139
Böhmische Liwanzen	134
Dampfnudeln, gefüllte	136
Quarkauflauf mit Äpfeln	137
Quarkkeulchen mit Pflaumenkompott	133
Quarkknödel mit Kirschenkompott	138
Quarkpfannkuchen mit Apfelkompott	132

Desserts

Ananas „Surprise"	158
Apfelscheiben, gedünstete, mit Schlagsahne	143
Birnen auf Vanille-Eiscreme	149
Birnendessert Alma	148
Erdbeeren mit Burgunder	147
Gooseberry-Fool	157
Haselnußcreme	151
Himbeerkaltschale	152
Himbeerkonfitüre	156
Johannisbeergelee	48
Kirsch-Eisbecher	154
Mandarinencreme	145
Melonenkaltschale	155
Orangencreme mit Bananen	150
Orangen-Wein-Gelee	146
Pfirsich-Eisbecher	153
Pfirsich „Melba"	156
Pudding, warmer	142
Quarkcreme mit Pfirsichen	144
Schokoladen-Eiscreme mit Vanilleschaum	141
Stachelbeerkonfitüre	157
Vanille-Eiscreme mit heißer Himbeersoße	140

Kuchen / Torten / Kleingebäck

Pikantes Gebäck

Käse-Blätterteig-Kuchen	163
Neapolitanische Pizza	161
Schinkenhörnchen	162
Tomaten-Pizza	160

Kleingebäck

Blätterteighörnchen „Osterei"	170
Erdbeertörtchen	165
Gewürztörtchen	169
Johannisbeer-Windbeutel	166
Osterbrötchen	168
Schlosserbuben	164
Windbeutel mit Vanillecreme	167
Zwetschgenkuchen	171

	Seite
Kuchen u. Torten	
Bienenstich, gefüllter	178
Englischer Cake	173
Frankfurter Kranz	176
Französischer Apfelkuchen	172
Käsekuchen mit Streuseln	179
Mandeltorte „Osterhase"	174
Marmorkuchen	177
Osterroulade	175
Rosenkuchen	180

Weihnachtsgebäck

Allerlei Weihnachtsgebäck	181
Cornflakes-Plätzchen	
Kaffeeplätzchen	
Kokosplätzchen	
Schoko-Aprikosen-Plätzchen	
Schoko-Sesam-Plätzchen	
Vanilleplätzchen	
Anisplätzchen	186
Badener Kräbeli	186
Für die weihnachtliche Kaffeestunde	183
Herzoginplätzchen	
Schokoladenkugeln	
Knabbergebäck für die Feiertage	182
Marzipanmakrönchen	
Zimtmandeln, gebrannte	
Mandelbögen	188
Rumstreifen	187
Weihnachtsgebäck für den bunten Teller	185
Lebkuchenherzen	
Zimtsterne	
Weiße Nürnberger Lebkuchen	184

Getränke

Erfrischende Getränke + Cocktails

„Black Pear"	193
Cherry Blossom	192
Erdbeer-Drink	190
Eiscreme-Drink	191
Gin-Orange	191
Red-Apple	193
Red Velvet	192
Vermouth Drink	190

Heißgetränke

Chinatown	195
Hot Kiss	195
Hot Scotch	194
Jamaica-Boy	194

Bowlen

Brombeerbowle	200
Erdbeerbowle	196
Gurkenbowle	197
Himbeer-Bowle	199
Spanische Rotweinbowle	198

Vorspeisen und Salate Kalte Platten

Spargel-Cocktail „Frühlingsabend"
Für den kleinen Imbiß zu zweit

2 Portionen à 240 Kalorien = 1008 Joule

300 g Spargel, Salz, Zucker
1 kleines Päckchen tiefgekühlte Krabben oder Shrimps
2 Eßlöffel Sahne, 3 Eßlöffel Tomatenketchup, 1 Spritzer Weinbrand, 1 Eßlöffel Zitronensaft, scharfer Paprika oder Cayennepfeffer, 1 Scheibe Ananas, 1 hartgekochtes Ei
2 Salatblätter.

Tip: Das Spargelwasser ist gut für ein Süppchen am nächsten Tag!

Die Spargel schälen, in 5 cm lange Stücke schneiden. Knapp mit Wasser bedeckt und mit Salz und ganz wenig Zucker gewürzt in etwa 25 Minuten gar kochen. Dann abgießen und abtropfen lassen. Inzwischen die Krabben oder Shrimps auftauen lassen. Die Sahne steifschlagen, mit Tomatenketchup mischen, mit Weinbrand, Zitronensaft und scharfem Paprika oder Cayennepfeffer abschmecken. Die sauberen Salatblätter in zwei gut gekühlte Cocktailgläser legen und die Salatzutaten hübsch darin anordnen: Spargel, Krabben oder Shrimps und Ananasstückchen. Die Soße darübergeben, den Cocktail mit Eisstückchen garnieren. Mit knusprig geröstetem Toast und Butter servieren.

Pastetchen mit Ragoût fin
Köstlich ist dazu ein Glas kühler Riesling

4 Portionen à 455 Kalorien = 1911 Joule

4 Pastetchen, 1 Paket tiefgekühlte Hähnchenbrüste
1 Zwiebel, 1 Lorbeerblatt
2 Nelken, Aromat oder Fondor, Salz, 1/2 Dose Champignons, Saft von 1/2 Zitrone
1/8 l frische Sahne, 1 Teelöffel Worcestersoße
2 Eigelb, 2 gestrichene Eßlöffel Speisestärke.

Die Pastetchen bei 50 Grad im Backofen erwärmen. Die aufgetauten Hähnchenbrüste mit wenig Wasser, geschälter Zwiebel, Lorbeerblatt, Nelken, etwas Aromat oder Fondor und wenig Salz 30 Minuten kochen, aus der Brühe heben, von Haut und Knochen befreien und würfeln. Hähnchen- und Champignonbrühe in einen Meßbecher geben und wenn nötig auf 1/4 l Flüssigkeit ergänzen. Zitronensaft mit Sahne, Worcestersoße, Eigelb und Speisestärke verquirlen. In die heiße Brühe rühren und kurz aufkochen. Fleisch und halbierte Champignons hineingeben und die Pastetchen damit füllen. Dann mit Zitronenschnitzen und Worcestersoße servieren.

Kraut-Ananas-Salat
Salat vor dem Essen hilft Kalorien sparen!

4 Portionen à 90 Kalorien = 378 Joule

200 g Weißkraut, 2 Eßlöffel Weinessig, 2 Scheiben Ananas, 1 rote Paprikaschote (in Essig eingelegt!) 2 Eßlöffel Mayonnaise Cayennepfeffer, Salz gemahlener Kümmel einige Salatblätter.

Das Weißkraut putzen, waschen und sehr fein schneiden oder hobeln. Dann mit Essig in eine Salatschüssel geben und mit einem Holzstößel stampfen, bis das Weißkraut etwas weicher geworden ist. Nun die Ananasscheiben und die Paprikaschote in feine Streifen schneiden und mit dem Kraut mischen. Die Mayonnaise darunterziehen und die „Frischkost" mit einer Spur Cayennepfeffer (sehr scharf!), etwas Salz und gemahlenem Kümmel abschmecken. Auf Salatblättern anrichten und recht bald essen. Eine Variante: Ersetzen Sie Ananas durch die gleiche Menge eingelegter Zucker- oder Senfgurken!

Waldorfsalat
Ein modernes Rezept für einen klassischen Salat

4 Portionen à 110 Kalorien
= 462 Joule

**200 g Sellerie, 1 großer Apfel
1 Scheibe Ananas, Saft
von $^1/_2$ Zitrone, 4 Eßlöffel
frische Sahne, Worcestersoße
Salz, einige Walnüsse.**

Die Sellerieknolle schälen, waschen und zuerst in dünne Scheiben, dann in feine Stifte schneiden. Den Apfel schälen, vierteln, entkernen und auch in feine Stifte schneiden. Schnell mit dem Zitronensaft und den Selleriestiften mischen. Die Ananasscheibe in feine Spalten schneiden und unter den Salat mischen. Die Sahne steifschlagen und darunterziehen. Dann mit 1 Spritzer Worcestersoße und 1 Prise Salz abschmecken. In Gläsern anrichten und mit Walnüssen und vielleicht einem Sträußchen Feldsalat garnieren. Dann sofort zu gebuttertem Vollkornbrot essen.

Käsetoast mit Birne

Ein leckerer Imbiß, den Sie oft servieren sollten

4 Portionen à 450 Kalorien
= 1890 Joule

8 Scheiben Toastbrot
1 Eßlöffel Butter, 8 Scheiben Allgäuer Emmentaler
4 Scheiben gekochter Schinken, 4 halbe Kompottbirnen aus der Dose
2 Eßlöffel Preiselbeeren
etwas schwarzer Pfeffer.

Das Brot toasten, etwas abkühlen lassen, dann mit der Butter bestreichen. Käse- und Schinkenscheiben darauflegen und die Schnitten auf das Grillgitter des Backofens legen. In den Ofen schieben, den Sie auf etwa 250 Grad vorgeheizt haben. (Darunter ein Stück Alufolie legen, damit der Ofen sauber bleibt!) Die Schnitten 7 bis 8 Minuten backen. Inzwischen die Birnen im Kompottsaft erhitzen. Je 2 Käsetoaste übereinander auf die Teller legen, darauf eine halbe Birne, die mit Preiselbeeren gefüllt wird. Mit Pfeffer bestreut genießen, solange die Schnitten schön heiß sind. Und dazu Weißwein spendieren.

Spargeltoast mit Lachs und Rührei
Mit echtem Räucherlachs ein noch größerer Genuß!

4 Portionen à 235 Kalorien
= 987 Joule

4 Scheiben Toastbrot
500 g frischer
gekochter Spargel
1 kleines Stück Butter
4–6 Eier, 1 kleine Dose
Räucherlachs
weißer Pfeffer, einige Kapern
Salatblätter, 1 Tomate.

Das Brot toasten und auf 4 vorgewärmte Teller legen. Die Spargel ohne Flüssigkeit in etwas Butter schwenken und erhitzen. Aus der Butter heben und auf die Toastschnitten legen. Schnell die verquirlten Eier in die Butter geben, Räucherlachsstreifen hineinstreuen und mit weißem Pfeffer übermahlen (nicht salzen, da der Lachs reichlich salzig ist!). Das Rührei mit einem Spatel zusammenschieben und stocken lassen, bis die Oberfläche noch feuchtglänzend ist. Dann auf die Spargeltoaste verteilen und mit einigen Kapern bestreuen. Mit marinierten Salatblättern und gewürzten Tomatenschnitzen garnieren.

Käse-Würstchen
Für hungrige Gäste schnell zubereitet!

4 Portionen à 390 Kalorien
= 1638 Joule
3 Paar Wiener Würstchen
3 Käsescheiben
6 dünne Scheiben durchwachsener Räucherspeck
etwa 2 Teelöffel Senf

Die Würstchen mit einem spitzen Messer der Länge nach etwa 1 cm tief einschneiden. Den Käse in passende Streifen schneiden und in die Schlitze stecken. Dann jedes Würstchen mit einer Speckscheibe umwickeln und die Enden mit kleinen Holzspießchen befestigen. Auf das Drahtgitter des Bratofens legen und über der Bratenpfanne in den vorgeheizten Backofen schieben. Bei 200 Grad backen, bis der Käse leicht schmilzt und die Speckscheiben knusprig sind. Beim Essen mit Senf bestreichen oder Senfsoße darübergeben. Dazu Mixed Pickles, saftigen Kartoffelsalat oder einfach Brot servieren.

Tilsiter Käsetoast
Ein duftender Imbiß, der immer schmeckt

4 Portionen à 570 Kalorien
= 2394 Joule

**4 Scheiben Toastbrot
1 Eßlöffel Margarine oder
Butter, ¹/₂ Teelöffel Senf
4 Scheiben bayerischer
Tilsiter, 4 Scheiben durchwachsener Räucherspeck
4 Eier, Schnittlauch
4 Petersiliensträußchen.**

Das Brot knusprig toasten und mit Butter oder Margarine streichen, dann mit Senf. Die Käsescheiben darauflegen und im heißen Backofen oder im vorgeheizten Grill etwa 7 bis 8 Minuten backen. Inzwischen schnell die Speckscheiben wellenartig auf Zahnstocher stecken, in der Pfanne knusprig braten und herausnehmen. Die Eier hineinschlagen und bei milder Hitze braten, bis das Eiweiß fest ist. Die fertigen Käsetoaste auf Portionsteller oder rustikale Bretter legen, darauf je 1 Spiegelei und die wellig gebratene Speckscheibe. Mit Schnittlauchringen bestreuen, mit einem Petersiliensträußchen schmücken und dazu einen Krug mit kühlem Bier genießen.

3 kleine Vorspeisen

1 Schinkenrollen mit Palmenmark
Palmenmark von einer Dose (etwa 500 g) in eine Schüssel legen. Mit 2 Eßlöffel Öl, wenig Knoblauchpulver und Cayennepfeffer würzen. In gekochten Schinken einrollen, mit Eischeiben, Gürkchen und Oliven garnieren.

2 Pikante Törtchen mit buntem Salat
Je eine große Tasse junge Erbsen und gewürfelte Möhren in wenig Wasser geben, mit Salz und etwas Streuwürze etwa 10 Minuten kochen. Abgekühlt mit 1 Eßlöffel Mayonnaise mischen, mit Salz und Pfeffer abschmecken und in fertige Törtchen füllen.

3 Gefüllte Tomaten mit Maissalat
8 Tomaten aushöhlen, mit Pfeffer und Salz ausstreuen, umgedreht austropfen lassen. $1/2$ entkernte Paprikaschote in Würfel schneiden, 1 Zwiebel mit 1 Tasse Maiskörnern aus der Dose und 150 g gewürfelter Salami mischen. Etwas Zitronensaft und $1/2$ Eßlöffel Öl hinzufügen, mit Salz und Pfeffer abschmecken, in die Tomaten füllen.

Salat „Café Anglais"

Festlicher Imbiß und gut für ein kaltes Büfett

4 Portionen à 335 Kalorien = 1407 Joule

**750 g neue Kartoffeln
1 Teelöffel Kümmel oder Dillsaat, Salz, 1 Salatgurke
4 Tomaten, 1 Zwiebel
3 Eßlöffel Weinessig
4 Eßlöffel Öl, $^1/_2$ Bund frischer Dill, 1 Teelöffel Senf, etwas Aromat oder Fondor, Pfeffer
200 g tiefgekühlte Krabben oder Shrimps.**

Kartoffeln waschen, mit Wasser bedeckt aufsetzen, mit Kümmel oder Dillsaat und 1 Teelöffel Salz bestreuen. Zudecken, knapp 20 Minuten kochen, abgießen, mit kaltem Wasser überbrausen, schälen und etwas abkühlen lassen. Gurke waschen, die Schale längs einige Male einritzen, dann Scheiben davon schneiden. Tomaten waschen und in Achtel schneiden. Zwiebel schälen, hacken und mit Essig, Öl, geschnittenem Dill, Senf, Aromat oder Fondor und Pfeffer mischen. Die Kartoffeln in diese Marinade schneiden und daruntermischen. Dann Gurken, Tomaten und aufgetaute Krabben oder Shrimps unter den Salat ziehen. 1 Stunde ziehen lassen, abschmecken.

Leber- und Blutwurst in Marinade
Bei Männern besonders zu Bratkartoffeln beliebt

4 Portionen à 690 Kalorien
= 2898 Joule

2 Paar Leberwürste, 2 Paar Blutwürste, 2 Zwiebeln
4 Tomaten, 1 Eßlöffel Kapern
Essig, Öl, Salz, Senf, frisch gemahlener schwarzer Pfeffer.

Alle Würste enthäuten, in Scheiben schneiden und auf 4 Teller verteilen. Die Zwiebeln schälen, in feine Ringe schneiden und über die Wurst streuen. Tomatenviertel und Kapern darauf verteilen. Etwa 6 Eßlöffel Essig mit 2 Eßlöffel Öl, etwas Salz, 1 Teelöffel Senf und etwas frisch gemahlenem schwarzen Pfeffer verrühren und über die Wurstteller tropfen. Dazu frisches Weißbrot und Sauerkrautsalat servieren, der so gemacht wird: 500 g frisches Sauerkraut mit einer Gabel locker in die Salatschüssel geben, 1 oder 2 geschälte Äpfel dazureiben. Den Salat vermischen und dann beliebig anmachen.

Schlesisches Häckerle
Als Aperitif bekommt ein eiskalter Aquavit

4 Portionen à 330 Kalorien = 1386 Joule

3 Salzheringe, 1 Flasche Mineralwasser, 125 g magerer Räucherspeck, 2 Zwiebeln 1 Glas Salz-Dill-Gurken Essig und schwarzer Pfeffer Schnittlauch.

Die Salzheringe in das Mineralwasser legen und bis zum nächsten Tag darin liegen lassen. Dann aus dem Wasser nehmen und auf einem Brett zerlegen: die Haut abziehen und die Fische am Rücken entlang ein- und durchschneiden. Die Gräten abziehen und das Fischfleisch in kleine Würfel schneiden. Speck, geschälte Zwiebeln und Salz-Dill-Gurken fein hacken und mit den Salzheringen mischen. Mit Essig und möglichst frisch gemahlenem schwarzen Pfeffer abschmecken. Auf gebutterte Bauernbrotscheiben häufen und vielleicht noch mit etwas Schnittlauch bestreuen. Oder zu heißen Pellkartoffeln anrichten.

Salat Astoria
Cape-Birnen von Februar bis April empfehlenswert

4 Portionen à 130 Kalorien = 546 Joule

2 reife Birnen, 2 Grapefruits 1 grüne Paprikaschote ½ Bund Petersilie, 2 Eßlöffel Essig, 4 Eßlöffel Öl, Salz Pfeffer, einige Haselnüsse und frische Salatblätter, 1 Eßlöffel fein gehackte Petersilie.

Die Birnen schälen, in Achtel schneiden und entkernen. Die Grapefruits mit einem scharfen Messer dick abschälen und das Fruchtfleisch aus den Bindehäuten lösen. Die Paprikaschote vierteln, entkernen, waschen und in ganz feine Streifen schneiden. Essig, Öl, etwas Salz und Pfeffer in eine Salatschüssel geben, die zerkleinerten Zutaten hineingeben und gut vermischen. Die Haselnüsse in Scheibchen schneiden und über den Salat streuen. Die Salatblätter an den Schüsselrand stecken und alles mit frisch gehackter Petersilie bestreuen. Zum großen Menü als Vorspeise oder mit Toast abends essen.

Eiersalat
Ein Salat, den jeder gern mag

4 Portionen à 315 Kalorien
= 1323 Joule

8 Eier, 125 g gekochter Schinken, 1 Bund Radieschen
50 g Kresse, 1 Becher Joghurt
2 Eßlöffel Mayonnaise
1 Teelöffel Senf, 1 Löffelspitze scharfer Paprika
Salz, Saft von ½ Zitrone.

Die Eier hartkochen, kalt werden lassen, schälen und mit dem Eiteiler schneiden. Den Schinken in Streifen schneiden, die Radieschen putzen, waschen und in Scheibchen schneiden. Die Kresse kurz waschen, gut abtropfen lassen und fein hacken. Eischeiben, Schinken und Radieschen in eine Schüssel geben. Die Kresse mit Joghurt, Mayonnaise, Senf, Paprika, Salz und Zitronensaft gut verrühren und diese Soße über die angerichteten Salatzutaten gießen. Den Eiersalat erst am Tisch mit der Soße vermischen und dazu Toastbrot und Butter essen. Kartoffelliebhabern schmeckt's auch mit Bratkartoffeln.

Roter Heringssalat
Dazu schmeckt kühles Pils und eiskalter Aquavit

4 Portionen à 280 Kalorien
= 1176 Joule

3 Salzheringe, 1 Zwiebel
250 g gekochte Pellkartoffeln
1 Tasse frisch gekochte oder
eingelegte Rote Beete
3 Gewürzgurken, 1 Apfel
Pfeffer, 1 Teelöffel
getrockneter Dill
4 Eßlöffel Mayonnaise.

Die Heringe enthäuten, entgräten, gut waschen und quer in feine Streifen schneiden. Die Zwiebel schälen und fein hacken, die kalten Kartoffeln schälen und in Würfel schneiden. Rote Beete, Gewürzgurken und das Fruchtfleisch des Apfels auch würfeln. Diese vorbereiteten Zutaten in der Salatschüssel mischen, mit Pfeffer und in den Händen fein zerriebenem Dill würzen und zugedeckt etwa 30 Minuten durchziehen lassen. Dann die Mayonnaise darunterziehen und den Salat „solo" oder mit Brot und Butter servieren. – Wer Kalorien sparen möchte, nimmt nur 2 Eßlöffel Mayonnaise und mischt 2 Eßlöffel Joghurt oder Sauermilch darunter.

Nudelsalat „Dänische Art"
Eine kleine Mahlzeit für mittags und abends

4 Portionen à 465 Kalorien = 1953 Joule
200 g feine Suppenhörnchen
Salz, **¹/₃ Tasse Gurkenessig**
4 Eßlöffel Öl, Pfeffer
125 g Kalbsbraten
150 g tiefgekühlte Erbsen
1 rote Paprikaschote
¹/₂ Tasse fein gehackte Zuckergurken, 4 Eßlöffel Mayonnaise
2 Teelöffel Senf.

Die Suppenhörnchen in reichlich kochendes Salzwasser geben, 8 Minuten kochen, in ein Sieb schütten, kalt überbrausen und abtropfen lassen. Gurkenessig und Öl mit etwas Salz und Pfeffer abschmecken, mit den Suppenhörnchen mischen und gut durchziehen lassen. Kalbsbraten in Streifen schneiden. Die Erbsen in wenig heißes Wasser geben, mit Salz bestreuen und zugedeckt 3 Minuten dünsten. Die Paprikaschote vierteln, entkernen, waschen und in kleine Würfel schneiden. Fleischstreifen, abgetropfte Erbsen, Paprikawürfel und Zuckergurken mit den Hörnchen mischen, Mayonnaise und Senf unter den Salat ziehen, dann abschmecken.

Bananen-Blumenkohl-Salat
Frischer Salat ist eine gute Zwischenmahlzeit

4 Portionen à 80 Kalorien = 336 Joule

200 g Blumenkohl, 1 große Banane, Saft von 1 Zitrone 1 Eßlöffel Korinthen, 4 Eßlöffel Sahne, etwas Salz oder Streuwürze, eventuell Mandarinenschnitze oder Kirschen zum Garnieren.

Den Blumenkohl waschen, abtropfen lassen und auf einem Gurkenhobel in feine Scheiben raffeln. Die Banane schälen, in Scheiben schneiden und mit dem Blumenkohl und dem Zitronensaft mischen. Die Korinthen in ein Sieb geben und unter einem heißen Wasserstrahl gründlich waschen. Die Sahne steifschlagen und zusammen mit den Korinthen unter den Salat heben, der mit wenig Salz oder Streuwürze (Aromat oder Fondor) abgeschmeckt wird. Dann anrichten und nach Wunsch mit Mandarinenschnitten oder Kirschen garnieren. Wer mag, kann diesen frischen Salat auch mit ganz wenig Curry abschmecken.

Möhren-Weißkraut-Salat
Eine gut bekömmliche, sehr leckere Vorspeise

4 Portionen à 140 Kalorien = 588 Joule

150 g Möhren, 150 g Weißkraut, 4 Eßlöffel Weinessig 3 Eßlöffel Öl, 1 Teelöffel Honig, 1 Teelöffel Senf 1 Prise Selleriesalz.

Die Möhren schälen, waschen und in lange dünne Stifte raffeln. Das Weißkraut putzen, waschen und sehr fein hobeln. Weißkraut und Essig in die Salatschüssel geben und mit einem Holzstößel stampfen, bis es ein wenig weicher geworden ist. Dann die Möhren, Öl, Honig und Senf daruntermischen und den Salat mit 1 Prise Selleriesalz abschmecken. Nach Belieben noch sehr fein gehackte Petersilie hinzufügen und diese erfrischende Vorspeise in hübschen Gläsern anrichten. Sie können für den Salat auch die gleiche Menge Zitronensaft statt Essig nehmen.

Kalter Rehbraten mit Waldorfsalat
Mit einem vollmundigen Rotwein ein köstliches Mahl

4 Portionen à 290 Kalorien = 1218 Joule

750 g Rehkeule ohne Knochen (vom Wildhändler entsehnen und binden lassen!), Salz, Pfeffer, einige Wacholderbeeren, 2 Eßlöffel Öl, 1 Sellerieknolle Saft von ½ Zitrone, 1 Apfel ¹⁄₁₆ l frische Sahne Mandarinenspalten Walnußkerne und Kirschen.

Das Fleisch mit Salz, Pfeffer und zerdrückten Wacholderbeeren einreiben, in heißem Öl braun anbraten, bei 200 Grad in den Backofen geben und 1 Stunde braten. Kalt werden lassen, in Scheiben schneiden und anrichten. Sellerie schälen, waschen, zuerst in hauchdünne Scheiben und dann in feine Streifen schneiden. Den geschälten und entkernten Apfel auch in Streifen schneiden. Beides mit Zitronensaft, etwas Salz, Pfeffer und der steifgeschlagenen Sahne mischen. Mit Mandarinenspalten, Walnußkernen und Kirschen garnieren. Die Bratenplatte mit Kirschen und Mandarinenspalten schmücken, dazu Cumberlandsoße (fertig kaufen!) anrichten.

Kalte Ochsenzunge mit Artischockenherzen
Dazu Toast und nach Wunsch eine feine Remoulade

8 Portionen à 410 Kalorien
= 1722 Joule

1,5 kg Ochsenzunge
1 Zwiebel, 1 Möhre, 1 Teelöffel weiße Pfefferkörner
1 Lorbeerblatt, 2 Dosen Artischockenherzen
2 hartgekochte Eier, 1 Zwiebel
4 Eßlöffel Öl, 1 Eßlöffel Essig, ½ Bund Petersilie
etwas schwarzer Pfeffer.

2 l Wasser in einen passenden Topf geben, dazu geschälte und geschnittene Zwiebel und Möhre, Pfefferkörner und Lorbeerblatt. Aufkochen, die Zunge hineinlegen und kochen, bis die Zungenspitze sich eindrücken läßt. Das dauert 2½ Stunden und länger. Die Artischockenherzen in ein Sieb schütten und abtropfen lassen. Geschälte Eier und Zwiebel in Würfel schneiden. Öl mit Essig, gehackter Petersilie und Zwiebelwürfeln mischen, die Artischockenherzen hineingeben, anrichten, mit den gewürfelten Eiern bestreuen und mit schwarzem Pfeffer übermahlen. Die kalte Zunge abziehen, schräg in Streifen schneiden und auf eine Platte legen.

Schinkensülze
Mit Röstkartoffeln und Salat ein herrliches Essen!

4 Portionen à 310 Kalorien = 1302 Joule

375 g gekochter Schinken am Stück, 3 bis 4 Essiggurken 2 Eßlöffel Silberzwiebeln (sauer eingelegt und so gekauft!), 8 Blatt helle Gelatine $^1/_4$ l Weißwein, Weinessig Salz, Pfeffer.

Zuerst die Gelatine in kaltes Wasser legen. Die Essiggurken in Würfel schneiden und in einen kleinen Kochtopf geben, dazu $^1/_8$ l Einlegeflüssigkeit der Gurken (durchseihen) und Weißwein. Mit Weinessig, Salz und Pfeffer abschmecken, aufkochen, vom Herd nehmen und die ausgedrückte Gelatine darin auflösen. Zum Abkühlen am besten in ein kaltes Wasserbad stellen. Inzwischen den Schinken in Würfel schneiden, die Silberzwiebeln in Ringe. Beides in 4 Tassen verteilen und mit dem Gelee übergießen, wenn es fest zu werden beginnt. Im Kalten ganz fest werden lassen, in heißes Wasser tauchen und auf Salatblätter stürzen.

Sülzkoteletts

Dazu schmeckt saftiger Kartoffelsalat oder frisches Brot

**4 Portionen à 420 Kalorien
= 1764 Joule**

4 Schweinekoteletts, ¹/₂ l klare Fleischbrühe (Würfel)
1 Zwiebel, 1 Teelöffel Pfefferkörner, 2 Lorbeerblätter
2 Nelken, 8 Blatt helle Gelatine
¹/₈ l Weißwein
1 eingelegte rote Paprikaschote
2 kleine Essiggurken
1 hartgekochtes Ei.

Die Fleischbrühe mit geschälter Zwiebel, Pfefferkörnern, Lorbeerblättern und Nelken aufkochen. Die Koteletts darin 40 Minuten schwach kochen. Inzwischen die Gelatine in kaltes Wasser legen. Die Koteletts abkühlen lassen, die heiße Brühe durchseihen und die ausgedrückte Gelatine darin auflösen. Den Weißwein hinzufügen, etwas Gelee in 4 Sülzkotelettformen geben und fest werden lassen. Das Gelee in den Formen mit Paprika, Gurken- und Eischeiben garnieren. Mit etwas Gelee bedecken, stocken lassen, die Koteletts darauflegen und das übrige Gelee darüber verteilen. Kalt stellen und zum Stürzen kurz in heißes Wasser tauchen.

Spargelsalat „Bündner Art"
Ein Frühlingsessen, das die Schweizer lieben

4 Portionen à 335 Kalorien
= 1407 Joule

1,5 kg Spargel, Salz, 1 Stück Würfelzucker, 3 Eßlöffel Salatöl, 4 bis 6 Eßlöffel milder Weinessig, Pfeffer
1 Prise Zucker
1 Teelöffel Petersilie oder Kerbel (fein gehackt)
125 g Bündner Fleisch, einige Salatblätter, 4 hartgekochte Eier, einige Kapern
1 Scheibe Räucherlachs.

Tip: Servieren Sie dazu Toast, Butter und leichten Weißwein.

Die Spargel von der Spitze bis zum Ende hin schälen und das untere Ende abbrechen – ein glatter Bruch bestätigt, daß alle holzigen Fasern entfernt sind. Genügend Wasser mit Salz und Würfelzucker aufkochen, die Spargel hineinlegen und nach 30 Minuten prüfen, ob die Köpfe weich – also die Spargel gar sind. Öl mit Essig mischen, mit Pfeffer, Zucker und Petersilie oder Kerbel abschmecken, den noch warmen Spargel damit übergießen, auf einer Platte anrichten. Bündner Fleisch zu Tütchen aufrollen, auch auf eine Platte legen. Die übrige Fläche mit Salatblättern zudecken, die halbierten Eier darauflegen. Mit Kapern und Lachsröllchen garnieren.

Suppen
Soßen

Tomatensuppe mit Mais
Ein Imbiß, der Gästen imponieren wird!

4 Portionen à 260 Kalorien = 1092 Joule

1 Zwiebel, 50 g durchwachsener Räucherspeck
³/₄ l Tomatensaft, 1 kleine Dose Maiskörner, 1 Prise scharfer Paprika, etwas Worcestersoße, 1 Eßlöffel gehackte Petersilie
¹/₈ l frische Sahne.

Die geschälte Zwiebel und den Räucherspeck in kleine Würfel schneiden, in einen kleinen Suppentopf geben und auf mittlerer Hitze glasig werden lassen. Tomatensaft, Maiskörner mit der Flüssigkeit, Paprika und Worcestersoße dazugeben und die Suppe etwa 5 Minuten kochen. Unmittelbar vor dem Servieren Petersilie und Sahne hinzufügen und so abschmecken, wie Sie es mögen. Dafür können Sie zum Beispiel einige Tropfen Zitronensaft verwenden. Oder noch mehr Petersilie, mehr Sahne oder Joghurt, mehr Tomate (Mark!) oder mehr Paprika. Und dann servieren Sie die Suppe zu knusprigem Röstbrot.

Gemüsesuppe mit Fleischklößchen
Mit einem kräftigen Dessert eine ganze Mahlzeit

4 Portionen à 245 Kalorien
= 1029 Joule
1 Zwiebel, 1 Eßlöffel Butter oder Margarine, 1 Paket tiefgekühltes Suppengemüse 1 l Fleischbrühe (Würfel!) Muskat, etwas Majoran 1 Stück rohe feine Bratwurst 50 g gemischtes Hackfleisch, 1 Eßlöffel gehackte Petersilie.

Die Zwiebel schälen, würfeln und in Butter oder Margarine hellgelb dünsten. Dann das Suppengemüse, die Fleischbrühe und die Gewürze hinzufügen, zudecken und auf kleiner Flamme etwa 20 Minuten leise kochen. Die Bratwurstfarce mit Hackfleisch und Petersilie verkneten und mit 2 Teelöffeln kleine Klößchen abstechen – dabei die Löffel immer in die heiße Suppe tauchen. Noch etwa 5 Minuten ziehen lassen, bis die Klößchen oben schwimmen. Dann abschmecken und als Vorsuppe servieren. Oder einen Käsetoast dazu machen und zum Abendessen anbieten. Oder einen Früchtequark danach essen.

Spinatsuppe
Eine Suppe, die Frühling auf den Speisezettel bringt

4 Portionen à 180 Kalorien = 756 Joule

250 g frischer Spinat
1 Zwiebel, ½ Knoblauchzehe
1 Eßlöffel Butter oder Margarine, Muskat, Streuwürze, ¾ l Fleischbrühe (Würfel!), ¼ l Milch
1 Eigelb, 4 gestrichene Eßlöffel Speisestärke.

Den Spinat gut waschen und etwas abtropfen lassen. Dann auf ein großes Brett geben, etwas zusammendrücken und in Streifen schneiden. Zwiebel und Knoblauchzehe schälen, fein hacken und in Butter oder Margarine hellgelb dünsten. Den Spinat dazugeben, mit Muskat und Streuwürze (Aromat oder Fondor) bestreuen und 2 bis 3 Minuten dünsten. Die Fleischbrühe dazugießen und zum Kochen bringen. Schnell Milch mit Eigelb und Speisestärke verquirlen, zur Suppe rühren und einmal aufkochen. Tip: Sie können auch ein kleines Päckchen mit tiefgekühltem Spinat für die Suppe verwenden.

Kalte spanische Salatsuppe (Gazpacho)
Kühle Spezialität aus Andalusien

4 Portionen à 195 Kalorien = 819 Joule

¼ l Tomatensaft, ½ l kräftige fettfreie Fleischbrühe
3 Eßlöffel Olivenöl, Saft von 3 Zitronen, etwa 15 Eiswürfel
2 Knoblauchzehen, 2 Zwiebeln
1 Salatgurke, 2 grüne Paprikaschoten, 1 Fenchelknolle
Salz, Pfeffer.

Tomatensaft, Fleischbrühe, Olivenöl und Zitronensaft mit den Eiswürfeln verrühren und in eine Terrine geben. Knoblauch schälen und zerreiben. Zwiebeln und Salatgurke schälen, Paprika und Fenchel putzen, waschen und das Gemüse in 1 cm große Würfel schneiden. Alles gut mischen, etwa 1 Stunde kalt stellen und mit Salz und Pfeffer pikant abschmecken. Gazpacho mit Toast oder frischem Pariser Brot servieren.

Fischsuppe „Mallorquina"
Gut für alle, die es würzig mögen

4 Portionen à 210 Kalorien
= 882 Joule (ohne Brotwürfel)

2 Zwiebeln, 3 Eßlöffel Olivenöl oder anderes Öl, eine Prise Knoblauchpulver, 200 g Fischfilet, $^1/_4$ l Weißwein
Salz, Pfeffer, $^1/_2$ Lorbeerblatt
$^1/_2$ Dose geschälte Tomaten
$^1/_2$ l Fleischbrühe, 1 gehäufter Teelöffel Speisestärke
1 Eßlöffel Schnittlauch
30 g geriebener Käse.

Tip: Gut schmecken dazu Brotwürfel, die in Öl knusprig geröstet werden.

Die Zwiebeln schälen und fein hacken. Das Öl erhitzen, Zwiebelwürfel darin hell andünsten. Das Fischfilet in 1 cm große Würfel schneiden, Knoblauchpulver dazugeben und verrühren. Weißwein, etwas Salz, Pfeffer und $^1/_2$ Lorbeerblatt hinzufügen und die Suppe 5 Minuten ziehen lassen. Dann die Fischwürfel mit einer Siebkelle herausheben und in die Suppenterrine geben. Tomaten und Fleischbrühe in den Suppentopf geben und 5 Minuten stark kochen. Speisestärke mit wenig Weißwein verquirlen, dazurühren, kurz aufkochen lassen. Die Suppe anrichten und mit Käse und Schnittlauch bestreuen.

Fischcremesuppe

Ein preiswertes, gut bekömmliches Abendessen

4 Portionen à 275 Kalorien = 1155 Joule

1 Zwiebel, 3 Kartoffeln
1 Petersilienwurzel oder einige Petersilienstengel
1 Porree, 1 Eßl. Butter oder Margarine, 500 bis 750 g Fischabfälle (Kopf und Gräten), 1 Teel. Pfefferkörner
1 Lorbeerblatt, 2 Nelken
$1/2$ l Fleischbrühe, $1/2$ l Milch
$1/8$ l saure Sahne, 1 Eigelb
1 Eßl. Zitronensaft, 1 Teel. Worcestersoße, 2 Teel. Speisestärke, 1 Tasse gekochtes Gemüse (Erbsen, Blumenkohl, Möhren oder Champignons) Petersilie oder Kerbel.

Zwiebel, Kartoffeln, Petersilie und Porree putzen, klein schneiden und in Butter oder Margarine andünsten. Die Fischabfälle hineingeben, ebenso Pfefferkörner, Lorbeerblatt, Nelken, Fleischbrühe, $1/4$ l Milch. Die Suppe auf schwacher Hitze 20 Minuten kochen. Die Fischabfälle herausheben und das weiße Fischfleisch ablösen. Die Suppe durch ein feines Sieb drücken und aufkochen. $1/8$ l Milch mit Sahne, Eigelb, Zitronensaft, Worcestersoße und Speisestärke verquirlen, zur Suppe rühren und erhitzen, nicht kochen. Fischfleisch und Gemüse darin erhitzen, die Suppe mit frischer Petersilie oder Kerbel bestreuen und mit Salzkeksen servieren.

Gratinierte Muschelsuppe
Frische Muscheln sind im Winter preiswert und delikat

4 Portionen à 255 Kalorien
= 1071 Joule

1 kg Miesmuscheln
½ Tasse Wasser
2 Knoblauchzehen, 1 Zwiebel
1 große Dose Tomaten
1 grüne Paprikaschote
4 Eßlöffel Öl, ¼ l trockener Weißwein, Salz, Pfeffer
50 g geriebener Käse (Allgäuer Emmentaler).

Tip: Rohe geöffnete und nach dem Garen nicht geöffnete Muscheln wegwerfen. Sie sind schlecht.

Die Muscheln waschen, gut abbürsten, den Bart entfernen. In ½ Tasse kochendes Wasser geben, zugedeckt 8 Minuten garen, dann aus der Schale lösen. Geschälte Knoblauchzehen und Zwiebeln fein, Tomaten und Paprikaschote grob hacken. Öl erhitzen, Knoblauch und Zwiebeln darin goldgelb dünsten. Tomaten mit dem Saft, Paprika, Weißwein und Muschelbrühe dazugeben, etwa 10 Minuten langsam kochen lassen. Zuletzt die Muscheln darunterheben, abschmecken, und alles in 4 feuerfeste Teller füllen. Mit geriebenem Käse bestreuen und kurz im Ofen überbacken. Dazu schmeckt getoastetes Weißbrot.

Kräutercremesuppe

Mit einem Schinkenbrot so ein richtiges Frühlingsessen

4 Portionen à 210 Kalorien = 882 Joule

1 Zwiebel, 3 Kartoffeln, 2 Scheiben durchwachsener Räucherspeck, $1/2$ l Fleischbrühe (Würfel), $1/2$ l Milch 125 g frische Kräuter (Spinat, Kresse, Sauerampfer, Petersilie, Schnittlauch), 1 Päckchen Helle Soße, 1 gehäufter Teelöffel Speisestärke etwas Muskat, Salz und Pfeffer.

Zwiebel und Kartoffeln schälen, Zwiebel hacken und Kartoffeln in kleine Würfel schneiden. Den Speck in einen Suppentopf geben, knusprig braten und wieder herausnehmen. Zwiebel und Kartoffeln ins Speckfett geben und hell andünsten. Fleischbrühe und $1/4$ l Milch dazugeben und die Suppe 20 Minuten kochen. Die Kräuter waschen, abtrocknen, fein hacken, in die Suppe geben und 2 bis 3 Minuten darin ziehen lassen. Das Soßenpulver mit $1/4$ l Milch und Speisestärke verquirlen, zur Suppe rühren und einmal aufkochen. Mit Muskat, Salz und Pfeffer abschmecken, mit zerbröckeltem Speck bestreuen, mit frischem Bauernbrot servieren.

Suppe à la Gärtnerin
Dazu schmeckt ein überbackenes Käsebrot

4 Portionen à 240 Kalorien
= 1008 Joule

2 Zwiebeln, ½ Sellerieknolle
2 Möhren, 125 g Spinat
1 Eßlöffel Butter oder Margarine, 1 l Fleischbrühe (Würfel), 2 rohe Bratwürste
1 Bund frische Kräuter (Petersilie, Dill, Schnittlauch und Borretsch)
1 Tasse grüne Erbsen (tiefgekühlt oder aus der Dose)
etwas Salz und Muskat.

Zwiebeln, Sellerie und Möhren schälen und in ½ cm große Würfel schneiden. Den Spinat waschen und in Streifen schneiden. Butter oder Margarine im Suppentopf zerlassen, Zwiebeln und Gemüse darin 5 Minuten andünsten. Dann die Fleischbrühe dazugießen und die Suppe 15 Minuten kochen. Die Kräuter waschen, fein hacken und mit der Bratwurstfarce vermischen. Mit Muskat und Salz abschmecken, Klößchen formen und in die Suppe geben. Die Erbsen jetzt auch hinzufügen und die Suppe noch so lange ziehen lassen, bis die Klößchen an der Oberfläche schwimmen, das heißt gar geworden sind.

Leberknödelsuppe
Bayerische Suppenspezialität

4 Portionen à 245 Kalorien
= 1029 Joule

150 g gemahlene Leber
50 g durchwachsener Räucherspeck, 2 Zwiebeln
½ Bund Petersilie
1 Teelöffel Majoran
75 g Semmelbrösel
1 Ei, Salz, Pfeffer, Muskat
1 l Fleischbrühe (Würfel).

Speck fein würfeln und ausbraten. Gehackte Zwiebeln darin gelb werden lassen, dann gehackte Petersilie und Majoran untermischen, kalt stellen. Mit Leber, Semmelbröseln, Ei, Salz, Pfeffer und Muskat vermischen. Von dieser Masse mit zwei Löffeln Klößchen formen. Ein Probeklößchen in die heiße Fleischbrühe geben. Werden die Klößchen zu weich, 1 Eßlöffel Grieß zufügen; sind sie zu fest, noch etwas Semmelbrösel untermischen. Klößchen 10 Minuten ziehen lassen und in der Brühe servieren. Suppe eventuell mit gehackter Petersilie oder Schnittlauch bestreut servieren.

Krabbensoße

Eine Soße, mit der Teigwaren ein Festmahl werden

4 Portionen à 190 Kalorien
= 798 Joule
2 Zwiebeln, 1 Knoblauchzehe
1 Löffelspitze gemahlener
Kümmel, 1/8 l Weißwein
1/4 Dose Champignons
1 gestrichener Eßl. Speisestärke
1 Eigelb, 1/8 l süße Sahne
125 g Krabben, 1 Teelöffel
Aromat oder Fondor
etwas Tabascosoße oder
Cayennepfeffer, ausgepreßter
Saft von 1/2 Zitrone.

Geschälte, gehackte Zwiebeln, Knoblauch und Kümmel mit Wein 2 Minuten dünsten. Champignonbrühe und 1/8 l Wasser zugeben und aufkochen. Speisestärke, Eigelb und Sahne miteinander verquirlen. Brühe damit binden, aber nicht mehr kochen lassen (das Eigelb gerinnt sonst!). Champignons und Krabben zugeben. Die Soße mit Aromat oder Fondor, Tabasco und Zitronensaft abschmecken. Soße über die Teigwaren gießen und mit geriebenem Parmesankäse bestreuen.

Zwei Spezialsoßen zu Zunge, Steaks, Braten
Pikante Soße

4 Portionen à 30 Kalorien
= 126 Joule

1/8 l Rotwein, 2 Eßlöffel Essig
1 Zwiebel, 1/4 l Wasser
3–4 Cornichons, 1 Eßl. gehackte Kräuter, Pfeffer, 3 Teelöffel Instant-Bratensoße.

Wein, Essig und gehackte Zwiebel oder 2 Schalotten zur Hälfte einkochen. 1/4 l Wasser und in Scheiben geschnittene Cornichons, Kräuter, Pfeffer und Instant-Soße dazugeben. Verrühren, einmal aufkochen lassen und dann pikant abschmecken.

Madeira-Soße

4 Portionen à 135 Kalorien
= 567 Joule

1 Zwiebel, 2 Eßlöffel Butter
3 gestrichene Eßlöffel Mehl
1/8 l Weißwein, 1/4 l Wasser
1 Lorbeerblatt, Pfeffer, Salz
1/2 Teelöffel Thymian
125 g frische Champignons
1/2 Weinglas Madeira.

Zwiebelwürfel im heißen Fett gelb dünsten, Mehl überstäuben und hellbraun schwitzen. Mit Wein und Wasser ablöschen, würzen und 10 Minuten kochen. Geputzte Champignons in Scheiben schneiden, zugeben und noch 10 Minuten weiterkochen. Zuletzt Madeira dazugeben und abschmecken. Nicht mehr kochen lassen.

Sauerkirschsoße

Eine köstliche Soße, die nach mehr schmeckt

4 Portionen à 55 Kalorien = 231 Joule

1 kleine Dose Sauerkirschen 2 Nelken, 1 Stück Zimt fein abgeriebene Schale von $1/2$ Zitrone, $1/8$ l Traubensaft Zucker, 1 gestrichener Eßlöffel Kartoffelmehl, 1 Eßlöffel gehackte Pistazienkerne.

Die Kirschen in ein Sieb schütten und den Saft in einen kleinen Topf ablaufen lassen. Die Früchte beiseite stellen, den Saft erhitzen. Nelken, Zimt, Zitronenschale und Traubensaft hinzufügen, den Saft aufkochen und mit Zucker abschmecken. Kartoffelmehl mit etwas Wasser verquirlen, dazurühren und einmal aufkochen lassen. Die Kirschen hineingeben und in der Soße erhitzen. Die Pistazien hineinstreuen und nach Wunsch noch mit etwas Rum oder Kirschwasser abrunden. Und dann heiß über Eiscreme geben oder zu warmen Süßspeisen anrichten. Oder kalt mit Käsekuchen, hellen Cremes, Quarkspeisen oder Milchreis (warm und kalt) servieren.

Rumsoße

Immer dann servieren, wenn es etwas Besonderes sein soll

4 Portionen à 125 Kalorien = 525 Joule

¼ l Weißwein, 4 Eßlöffel Aprikosenmarmelade
1 Eßlöffel kernlose helle Rosinen, Saft und fein abgeriebene Schale von 1 Zitrone, etwas Zucker
2 oder 3 Likörgläschen Rum
1 Eßlöffel abgezogene, in Stifte geschnittene Mandeln.

Weißwein in eine kleine Kasserolle geben, dazu Aprikosenmarmelade, Rosinen sowie Saft und fein abgeriebene Schale der Zitrone. Auf schwacher Hitze zum Kochen bringen und 2 Minuten aufwallen lassen. Mit Zucker und Rum abschmecken und vom Herd nehmen. Die Mandeln in die heiße Soße geben, die sehr gut zu warmen Puddings, ausgebackenen Früchten in Bierteig, Armen Rittern und Vanille-Eiscreme schmeckt. Kalt sollten Sie die Soße zu Früchte- und Vanille-Eiscreme servieren, mit Bananenscheiben, kalter Milchreisspeise oder auch mit feiner Vanille- oder Schokoladen-Eiscreme.

Zur Cumberlandsoße Johannisbeergelee unentbehrlich

Johannisbeergelee:
3 Pfund rote Johannisbeeren, 1 kg Gelierzucker.
Die Johannisbeeren dampfentsaften oder im elektrischen Entsafter entsaften. Den frischen Saft mit Wasser auf 1 Liter ergänzen, mit Gelierzucker in einen Emailtopf geben und unter ständigem Rühren erhitzen. 4 Minuten sprudelnd kochen, in peinlich saubere, trockene Geleegläser füllen und sofort mit Einmachhaut verschließen, die vorher in kaltes Wasser getaucht wurde.
Insges. 4495 Kalorien = 18816 Joule

Cumberlandsoße:
1 Orange, $1/8$ l Rotwein, Ingwer, 1 Tasse Johannisbeergelee, $1/2$ Zitrone, 1 Teelöffel Senf, 1 Eßlöffel Meerrettich, Cayennepfeffer.
Dünn abgeschälte Orangenschale in feine Streifen schneiden, mit Rotwein und 1 Prise Ingwer 10 Minuten kochen. Abkühlen lassen, danach Orangensaft, Johannisbeergelee, Zitronensaft, Senf und Meerrettich darunterrühren. Mit Cayennepfeffer würzen und zu kaltem Geflügel und Toastbrot servieren.
4 Portionen à 115 Kalorien = 481 Joule

Fisch
Eierspeisen

Gefüllte Forellen

Ein guter Weißwein oder ein Rosé schmeckt dazu

4 Portionen à 320 Kalorien = 1344 Joule

4 tiefgekühlte Forellen
Salz, Pfeffer, 250 g frische Champignons, 1 Zwiebel
1 Eßlöffel Butter oder Margarine, Saft von 1 Zitrone
¼ l Weißwein, ⅛ l frische Sahne, 1 Teelöffel Speisestärke, 1 Eigelb, 1 Eßlöffel getrocknete Dillspitzen.

Die Forellen auftauen lassen, innen und außen salzen und mit Pfeffer einreiben. Die Champignons putzen, waschen und in Scheibchen schneiden. Die Zwiebel schälen und fein hacken. Einen flachen Topf mit Butter oder Margarine einfetten, die Zwiebelwürfel hineinstreuen. Die Forellen mit Champignons füllen, in den Topf legen und die übrigen Champignons auch hineingeben. Zitronensaft und Weißwein dazugießen, die Forellen zudecken und etwa 12 Minuten dünsten. Anrichten, schnell Sahne mit Speisestärke und Eigelb verquirlen, zum Fischsud rühren, aufkochen. Dill hineingeben, die Soße abschmecken und über die Forellen geben.

Seezungenröllchen in Hummersoße
Mit Salat und Weißwein servieren

4 Portionen à 255 Kalorien
= 1071 Joule

8 Seezungenfilets, Salz
Pfeffer, Saft von $^1/_2$ Zitrone
1 Zwiebel oder 2 Schalotten
1 Eßlöffel Butter oder
Margarine, $^1/_8$ l Weißwein
1 Dose Hummersuppe
(gut $^1/_3$ l), 2 Eßlöffel
frische Sahne, 1 Eigelb
2 gestrichene Teelöffel
Speisestärke, nach Wunsch
1 Eßlöffel Weinbrand.

Die Seezungenfilets kurz waschen, mit Salz und Pfeffer einreiben, aufrollen, mit Holzspießchen zusammenstecken und mit Zitronensaft betropfen. Zwiebel oder Schalotten schälen, fein hacken und mit Butter oder Margarine und Weißwein in einen passenden Topf geben. Die Seezungenröllchen dicht aneinander hineinsetzen, zudecken und auf schwacher Hitze 10 Minuten dünsten. Dann herausheben und den Fischsud auf die Hälfte einkochen. Die Hummersuppe hinzufügen und aufkochen. Sahne mit Eigelb und Speisestärke verquirlen, dazurühren und aufkochen. Die Soße mit Weinbrand abschmecken und zu den Seezungenröllchen anrichten.

Fischragout „Räucherkate"

Sie werden staunen, wie gut Räucherfisch „warm" schmeckt!

4 Portionen à 165 Kalorien = 693 Joule

375 g Räucherfisch (Seelachs, Makrele, Heilbutt oder Schillerlocken), 2 Zwiebeln, 2 Möhren, 1 Stange Porree, 1 Eßlöffel Margarine, 10 g Mehl, 1 kleine Dose geschälte Tomaten, 1/8 l kräftige Hühnerbrühe (Würfel), Worcestersoße, Zitronensaft.

Zwiebeln und Möhren schälen und würfeln. Porree längs durchschneiden, gründlich waschen und in feine Streifen schneiden. Die Margarine in einer Kasserolle zerlassen, das Kleingeschnittene darin 5 Minuten dünsten. Dann mit Mehl bestäuben, umrühren, dabei Tomaten und Hühnerbrühe dazugeben und noch 5 Minuten auf schwacher Hitze kochen. Inzwischen den Räucherfisch in mundgerechte Stücke schneiden, Haut und Gräten dabei entfernen. Den Fisch in die Soße geben und das Ragout mit Worcestersoße und Zitronensaft abschmecken. Dazu grünen Salat und Kartoffelpüree oder Brot servieren.

Goldbarschfilet „Bonne Femme"
Servieren Sie dazu Kräuterreis oder Petersilienkartoffeln

4 Portionen à 325 Kalorien = 1365 Joule

1 kg Goldbarschfilet, 1 Zwiebel
1 kleines Bund Dill
125 g frische Champignons
1 Eßlöffel Margarine, Saft von 1 Zitrone, Salz, Pfeffer
1/8 l Weißwein, 1/8 l Milch
1 Päckchen Helle Soße für 1/4 l Worcestersoße.

Das Goldbarschfilet waschen und in Portionsstücke schneiden. Die Zwiebel schälen und hacken, Dill waschen und fein schneiden. Die Champignons putzen, waschen und in Scheiben schneiden. Einen flachen Topf mit Margarine ausstreichen, die Zwiebelwürfel hineinstreuen und das Fischfilet darauflegen. Mit Dill und Champignons bestreuen, mit Zitronensaft betropfen, salzen und pfeffern. 5 Minuten durchziehen lassen, dann Weißwein darübergießen und den Fisch zugedeckt 15 Minuten dünsten, danach herausheben und anrichten. Schnell Milch und Soßenpulver miteinander verquirlen, dazurühren und aufkochen. Die Soße über den Fisch geben.

Gebackene Heringe mit Kartoffelsalat
Heringe sind preiswert und im Frühling besonders gut

4 Portionen à 560 Kalorien
= 2352 Joule

8 grüne (frische!) Heringe, Salz
750 g Salatkartoffeln, 1 Teelöffel Kümmel, 1/2 Tasse Fleischbrühe, etwas Gewürzgurkenessig, 1/2 Glas Mayonnaise
1 Teelöffel Senf, frisch gemahlener Pfeffer, Mehl, wasserfreies Fett zum Braten, Zitrone Petersilie.

Tip: Servieren Sie dazu grünen Salat – den ersten Freilandsalat vom Markt oder aus dem Garten!

Die Heringe vom Fischhändler vorbereiten lassen. Zu Hause gut waschen, mit 2 Teelöffel Salz bestreuen und 1–2 Stunden durchziehen lassen. Inzwischen die Kartoffeln in Salzwasser mit Kümmel 20 Minuten kochen, abgießen, kalt überbrausen und schälen. Fleischbrühe und Gurkenessig erhitzen, die Kartoffeln hineinschneiden, wenden und beiseite stellen, bis sie die Flüssigkeit ziemlich aufgesogen haben. Noch lauwarm mit Mayonnaise mischen, mit Senf, Salz und Pfeffer abschmecken, noch kurz durchziehen lassen. Die Heringe in Mehl wenden und in der Pfanne oder schwimmend hellbraun backen. Mit Zitrone und Petersilie garnieren.

Gebratene Schollenfilets mit Kräutercreme

Ein bekömmliches, leckeres Mittag- oder Abendessen

2 Portionen à 255 Kalorien
= 1071 Joule

1 Päckchen (300 g) tiefgekühlte Schollenfilets, etwas Zitronensaft, Salz, Pfeffer, Mehl
1 Eßlöffel Öl, 1 Teelöffel Butter oder Margarine, 100 g Sahnequark, $1/2$ Teelöffel Sardellenpaste, 2 Eßlöffel gehackte Kräuter (Petersilie, Schnittlauch, Kresse, Dill), 1 Teelöffel Senf, scharfer Paprika
etwas Worcestersoße, Kapern
Zitronenscheiben.

Die Schollenfilets so weit auftauen, bis sie sich unverletzt voneinander lösen lassen. Dann mit Zitronensaft einreiben und kurz durchziehen lassen. Danach mit Salz und Pfeffer bestreuen, in Mehl wenden. Öl in der Pfanne erhitzen, die Butter oder Margarine darin schmelzen, die Schollenfilets hineinlegen und von beiden Seiten schön goldbraun braten. Inzwischen den Quark mit Sardellenpaste, Kräutern und Senf mischen, mit Paprika und Worcestersoße abschmecken. Die Schollenfilets mit Kapern und Zitronenscheiben anrichten, dazu Kräutercreme und mit Kümmel gekochte Pellkartoffeln essen.

Echter Salm mit Holländischer Soße
Ein geschätzter Genuß für alle Feinschmecker

4 Portionen à 615 Kalorien = 2583 Joule

4 Scheiben echter Salm à 175 bis 200 g (frisch oder tiefgekühlt), 1 l Wasser, 1 Eßlöffel Salz, 1 Teelöffel weiße Pfefferkörner, 1 Lorbeerblatt 1 Zwiebel, 1 Päckchen weiße Soße für $^1/_4$ l, $^1/_8$ l Weißwein, 75 g Butter, 2 Eigelb.

Wasser mit Salz, Pfefferkörnern, Lorbeerblatt und Zwiebelscheiben 5 Minuten kochen, die Fischscheiben hineinlegen und 8 bis 10 Minuten ziehen lassen, nicht kochen. Der Salm ist gar, wenn sich die Gräten leicht herausziehen lassen. Soßenpulver mit Weißwein verrühren, unter ständigem Rühren aufkochen, von der Herdplatte nehmen und die Butter darin schmelzen lassen. Eigelb und 4 Eßlöffel heißen Fischsud in eine hohe Rührschüssel geben und schaumig schlagen. Die Soße darin verrühren, mit dem Salm anrichten und dazu Petersilienkartoffeln und einen süß-sauren Gurkensalat servieren.

Hechtschnitten in Kräutersoße

Hecht ist sehr fettarm und reich an Mineralstoffen

4 Portionen à 300 Kalorien = 1260 Joule

750 g bis 1 kg Hecht in etwa 2 cm dicken Scheiben
1 Eßlöffel Butter, 1 Zwiebel
Salz, ⅛ l Weißwein, Saft von 1 Zitrone, ⅛ l Wasser
⅛ l Milch, 1 Päckchen Helle Soße für ¼ l, 1 Teelöffel Aromat oder Fondor, weißer Pfeffer, 1 Bund frischer feingehackter oder 1 Teelöffel getrockneter Dill, 1 Eigelb
2 bis 3 Eßlöffel frische oder saure Sahne.

Die Hechtschnitten kurz waschen. Einen flachen Topf mit Butter ausstreichen, gehackte Zwiebel hineinstreuen, den Fisch hineinlegen, leicht salzen und mit Weißwein und Zitronensaft übergießen. Dann bei schwacher Hitze etwa 10 Minuten dünsten, herausnehmen und auf einer heißen Platte anrichten. Wasser, Milch und Soßenpulver zum Fischsud rühren und die Soße einmal aufkochen. Mit Aromat oder Fondor und Pfeffer abschmecken, den Dill hinzufügen. Schnell Eigelb mit frischer oder saurer Sahne verquirlen und in die Soße rühren. Dann mit dem Hecht und Petersilienkartoffeln servieren.

Karpfen blau mit Sahne-Meerrettich
Mit einem kräftigen Weißwein ein Festtagsschmaus

4 Portionen à 445 Kalorien = 1869 Joule
1 Karpfen, ca. 1,5 kg, $^1/_4$ l herber Weißwein, 1 Teelöffel weiße Pfefferkörner 1 Teelöffel Salz, $^1/_8$ l frische Sahne, 1 Löffelspitze Zucker, 1 Teelöffel Zitronensaft, 1 Eßlöffel geriebener Meerrettich.

Den Karpfen am besten vom Fischhändler zurechtmachen und in Portionsstücke zerteilen lassen. Etwa $^1/_2$ l Wasser in den Fischtopf geben, dazu Weißwein, Pfefferkörner und Salz. Aufkochen, den Karpfen hineinlegen, zudecken und in etwa 15 Minuten gar ziehen lassen. Inzwischen die Sahne steifschlagen und mit Zucker, Zitronensaft, 1 Prise Salz und Meerrettich mischen. Den fertigen Karpfen mit einer Siebkelle aus dem Fischsud heben, gut abtropfen lassen und auf eine vorgewärmte Platte legen. Mit Zitronenschnitzen garnieren und dazu den Sahne-Meerrettich, kleine Petersilienkartoffeln und grünen Salat in Zitronenmarinade servieren.

Gedünsteter Heilbutt mit Krabbensoße
Ein leicht bekömmliches Schlemmermahl

4 Portionen à 345 Kalorien = 1449 Joule

4 Scheiben Heilbutt à 200 g
1 Zwiebel oder 2 Schalotten
1 Eßlöffel Butter oder Margarine, $^1/_4$ l Weißwein
Saft von $^1/_2$ Zitrone, Salz
1 Päckchen Helle Soße für $^1/_4$ l
$^1/_8$ l Milch oder frische Sahne, 1 Päckchen tiefgekühlte Krabben, etwas scharfer Paprika.

Zwiebel oder Schalotten schälen und fein hacken. Einen flachen Topf mit Butter oder Margarine einfetten, Zwiebel- oder Schalottenwürfel hineinstreuen und die Heilbuttschnitten nebeneinander darauflegen. Mit Weißwein und Zitronensaft übergießen, mit Salz bestreuen, zudecken und auf schwacher Hitze 10 Minuten dünsten. Den Fischsud in einen Soßentopf gießen, das Soßenpulver mit Milch oder Sahne verquirlen, dazurühren und aufkochen. Die Krabben hineingeben und erhitzen. Die Soße mit Paprika abschmecken und beim Anrichten über die Heilbuttschnitten geben. Dazu junge Erbsen, Salzkartoffeln und leichten Weißwein servieren.

Überbackene Fischklöße mit Champignons
Eine herrliche, leicht bekömmliche Mahlzeit

4 Portionen à 315 Kalorien = 1323 Joule

1 Dose Fischklöße (400 g)
250 g frische Champignons
1 Zwiebel, 2 Eßlöffel Butter oder Margarine, $1/8$ l Weißwein
$1/8$ l frische Sahne, 2 Eigelb
2 Teelöffel Speisestärke
Muskat, Pfeffer, 2 Eßlöffel frisch geriebener Käse.

Die Champignons waschen, abtropfen lassen, in Scheiben schneiden und fein hacken. Die Zwiebel schälen, fein hacken und in Butter oder Margarine gelb dünsten. Die Champignons dazugeben und dünsten, bis sie etwas trocken sind, und in eine feuerfeste Form geben. Die Fischklöße mit Flüssigkeit und Weißwein erwärmen und auf die Champignons geben. Den Fischsud aufkochen, schnell Sahne mit Eigelb und Speisestärke verquirlen, dazurühren und einmal aufkochen. Mit Muskat und Pfeffer abschmecken und über die Fischklöße gießen. Mit dem geriebenen Käse bestreuen und im Backofen oder unter dem Grill goldbraun überbacken. Und dazu Brot, Reis oder Salzkartoffeln und Salat essen.

Forellen „Hoteliers-Art"

Das Interessante bei diesem Rezept: die Pilzfüllung

4 Portionen à 405 Kalorien
= 1701 Joule

4 am Vortag geschlachtete, nicht ausgenommene Forellen à 250 g
Salz, Pfeffer
Saft ½ Zitrone, 125 g Butter
3 Eßlöffel helle Semmelbrösel
125 g frische Champignons
½ Bund Kräuter (Kerbel, Petersilie, Schnittlauch)
1 Teelöffel Worcestersoße
2 Zitronen.

Forellen längs des Rückens aufschneiden. Gräten und Innereien herausnehmen. Fische unter fließendem Wasser abspülen und mit Salz, Pfeffer und Zitronensaft würzen. 50 g Butter in der Fettpfanne des vorgeheizten Backofens zerlassen. Forellen mit der Fleischseite durch die Butter ziehen, wenden und mit Bröseln bestreuen. Bei 200 Grad (Gas Stufe 3) 25 Minuten garen. Gehackte Champignons in einer gefetteten Pfanne trockendünsten. Erkaltet mit restlicher Butter, gehackten Kräutern, Worcestersoße, Saft von ½ Zitrone, Salz und Pfeffer mischen. Forellen mit der Pilzfüllung anrichten und mit Zitronenschale garnieren. Dazu eine bunt zusammengestellte Salatplatte reichen.

Makrelen mit Kräuterbutter
Makrelen sind vom Mai bis August am besten

4 Portionen à 370 Kalorien
= 1554 Joule

4 frische Makrelen, Öl, Pfeffer Salz, 75 g Butter, Saft von ¹/₄ Zitrone, ¹/₂ Teelöffel scharfer Senf, ¹/₂ Bund gehackte Petersilie, etwas Suppenwürze.

Die Makrelen köpfen, vom Rücken aus entgräten, waschen und abtrocknen. Eine Grillpfanne bis zur Höhe der Grillrillen mit Öl füllen und erhitzen. Die Makrelen mit Pfeffer bestreuen und mit der Hautseite in die Pfanne legen. Etwa 2 Minuten grillen, wenden und weitere 2 Minuten grillen. Dann auf einer heißen Platte anrichten und mit etwas Salz bestreuen. Vorher die Butter schaumig rühren. Zitronensaft, Senf, gehackte Petersilie, einige Spritzer Suppenwürze, Salz und Pfeffer hinzufügen und die Kräuterbutter pikant abschmecken. Zu den heißen Makrelen servieren oder darauf zerlaufen lassen. Und dazu einen saftigen Kartoffelsalat und verschiedene andere frische Salate servieren.

Pastetchen mit Tomaten-Rührei
Eine kleine Schlemmerei, die schnell fertig ist

4 Portionen à 365 Kalorien = 1533 Joule

4 Pastetchen, 4 Eier, 2 Eßlöffel Joghurt, Dosenmilch oder frische Sahne, Salz, Muskat 1 Eßlöffel gehackte Petersilie 4 Tomaten, 1 Zwiebel 1 Eßlöffel Butter oder Öl, Pfeffer, 1 Prise Zucker.

Die Pastetchen bei 50 Grad in den Backofen geben. Eier mit Joghurt, Dosenmilch oder frischer Sahne und Salz, Muskat sowie Petersilie verquirlen. Die Tomaten kurz in kochendes Wasser tauchen, abziehen, vierteln, entkernen und in Streifen schneiden. Die Zwiebel schälen, würfeln und in Butter oder Öl gelblich dünsten. Die Tomaten kurz darin anbraten und mit Salz, Pfeffer und Zucker bestreuen. Dann das verquirlte Ei dazugeben, stocken lassen und noch feuchtglänzend in die Pastetchen füllen. Mit Salatblättern gleich auf Portionstellern anrichten und so servieren. Dazu vielleicht noch eine Tomatensoße, Reis und leichten Weißwein servieren.

Omelett mit Kräutern
So ein richtiges Frühlingsessen

4 Portionen à 260 Kalorien = 1092 Joule

8 bis 10 Eier, 1 Bund frische Kräuter (je nach Angebot: Schnittlauch, Kerbel, Dill, Petersilie), Salz, Pfeffer, Muskat, 2 Eßlöffel Sahne oder Dosenmilch, 1 Eßlöffel Butter oder Margarine.

Die Kräuter waschen, gut abtropfen lassen und fein hacken. Die Eier in eine Schüssel schlagen und mit Kräutern, Salz, Pfeffer, Muskat und Sahne oder Dosenmilch gut verquirlen. Das Fett in einer kunststoffbeschichteten Pfanne erhitzen, bis es schäumt. Die Eier hineingießen und stocken lassen, indem Sie mit einer Gabel leicht rühren und die Pfanne schütteln. Das Omelett mit einem Holzlöffel zusammenrollen, auf eine Platte stürzen und mit grünem Salat und Kartoffeln oder Brot servieren. Tip: Unter das Omelett außerdem geriebenen Käse, etwas feingehackten rohen oder gekochten Schinken mischen.

Eierpfanne mit Champignons und Sahne
Köstlicher Imbiß für jede Tageszeit

4 Portionen à 360 Kalorien = 1512 Joule

250 g frische Champignons, 125 g Hartkäse, 1 Eßlöffel Butter oder Margarine, Salz, Pfeffer, 8 Eier, $^1/_8$ l frische Sahne, milder Paprika.

Die Champignons putzen, waschen, gut abtropfen lassen und in Scheiben schneiden. Den Hartkäse fein reiben. Butter oder Margarine in 4 Eierpfannen verteilen und auf der Herdplatte erhitzen, bis die Butter bräunlich wird. Die Champignons hineingeben, mit Salz und Pfeffer würzen und gut anbraten. Dann die Hitze drosseln, die Eier hineinschlagen, mit Käse bestreuen, mit frischer Sahne umgießen und mit Paprika bestäuben. So lange auf der Platte lassen, bis die Eier gestockt sind. Dazu Bauernbrot mit Tomatensalat oder Bratkartoffeln mit verschiedenen Salaten servieren. Dazu Bier oder Wein.

Russische Eier

Ein klassisches Ei-Gericht, das mit Toast oder Brötchen serviert wird

4 Portionen à 300 Kalorien
= 1260 Joule

6 Eier, 125 g Lyoner oder Fleischwurst, 4 Gewürzgurken
1 Apfel, 4 Eßlöffel Mayonnaise
1 Teelöffel Senf, Pfeffer
1 kleines Döschen Kaviar
einige Sardellenstreifen oder
1 Scheibe Räucherlachs
einige Kapern, 2 Tomaten.

Die Eier in kochendes Salzwasser legen, 10 Minuten kochen, kurz in kaltes Wasser legen und abpellen. Lyoner oder Fleischwurst, Gewürzgurken und entkernten Apfel in Streifen schneiden. Mit 1 Eßlöffel Mayonnaise und dem Senf gut vermischen, mit Pfeffer abschmecken und auf eine Platte geben. Die Eier längs durchschneiden, teils mit der Schnittfläche und teils mit der Rundung nach oben auf die Platte legen. Kaviar auf die Eigelbe verteilen, die übrigen Eier mit Mayonnaise überziehen und mit Sardellen- oder Lachsstreifen und Kapern garnieren. Die Platte mit in Achtel geschnittenen Tomaten und Gewürzgurkenscheiben garnieren.

Verlorene Eier auf Tomatenreis

Mit frischem Salat und nach Wunsch mit Tomatensoße servieren

4 Portionen à 310 Kalorien = 1302 Joule
8 Eier, ½ Tasse Essig
1 Zwiebel, 1 grüne Paprikaschote
4 Eßlöffel Öl, 2 Tassen Langkornreis, 1 kleine Dose Tomatenmark, 3 Tassen Fleischbrühe (Würfel), Salz
Pfeffer, 1 Löffelspitze Thymian.

Zuerst die Zwiebel schälen und in Würfel schneiden. Die Paprikaschote vierteln, entkernen und in feine Streifen schneiden. Öl in einem mittelgroßen Topf erhitzen, Zwiebel und Paprikaschote hineingeben und 1 Minute dünsten. Reis und Tomatenmark hinzufügen und gut verrühren. Heiße Fleischbrühe darübergießen, etwas Salz, Pfeffer und fein geriebenen Thymian hinzufügen. Den Reis aufkochen, zudecken und auf schwacher Hitze in etwa 18 Minuten ausquellen lassen. – 1 l Wasser und Essig zusammen aufkochen. Die Eier einzeln in eine Tasse aufschlagen und in das heiße Essigwasser gleiten lassen. 5 Min. ziehen lassen, auf dem Reis servieren.

Eier in Gelee
Eine kühle Köstlichkeit mit raffiniertem Geschmack

4 Portionen à 230 Kalorien = 966 Joule

8 bis 10 Eier, 1 Dose Schildkrötensuppe (etwa $1/4$ l)
5 Blatt helle Gelatine, 1 Likörglas Sherry oder Madeira
2 Eßlöffel heller Essig, Salz.

Die Eier hartkochen, kalt werden lassen, pellen und in Scheiben schneiden. Die Schildkrötensuppe durch ein feines Sieb gießen, dazu $1/4$ l kaltes Wasser. Die Gelatine in kaltes Wasser legen und die Schildkrötensuppe erhitzen. Die gut aufgequollene Gelatine darin auflösen, die Suppe vom Feuer nehmen und mit Sherry, Essig und Salz abschmecken. Das Gelee kalt werden lassen und kurz vor dem Stocken mit den Eiern in eine Glasschüssel schichten. Zuletzt mit einer Schicht Gelee abschließen. Die Schüssel kühl stellen und das Gelee fest werden lassen. Mit Brot und Butter oder Bratkartoffeln servieren.

Fleisch
Wild
Geflügel

Kalbsleber provencalisch

Schmeckt auch gut mit der preiswerteren Schweineleber!

4 Portionen à 215 Kalorien = 903 Joule

4 Scheiben Kalbsleber, 1 große Zwiebel oder 4 Schalotten 3 Knoblauchzehen, ½ Bund Petersilie, 1 Löffelspitze Thymian, ½ gestrichener Teelöffel Aromat oder Fondor 1 Eßlöffel Mehl, 1 Teelöffel Paprika edelsüß, 1 Eßlöffel Öl, 1 Eßlöffel Margarine, Salz und Pfeffer.

Zwiebel oder Schalotten und Knoblauchzehen schälen und sehr fein hacken. Die Petersilie waschen, fein schneiden und mit dem Feingehackten, Thymian und Aromat oder Fondor mischen. Mehl und Paprika mischen und die Kalbsleber darin wenden. Öl und Margarine in eine Pfanne geben, auf mittlerer Hitze heiß werden lassen. Die Leber darin von jeder Seite etwa 3 Minuten braten. Die Scheiben sollten ca. 1 cm dick sein. Salzen, pfeffern und auf eine vorgewärmte Platte legen. Schnell die Gewürzmischung in das Bratfett streuen, 1 Minute dünsten und über die angerichtete Kalbsleber geben. Dazu Grill-Tomaten, Pommes frites und vielleicht Salat servieren.

Rinderzunge mit Madeirasoße

Besonders gut mit Kartoffelpüree und feinen Gemüsen!

4 Portionen à 300 Kalorien = 1260 Joule

1 gepökelte Rinderzunge
1 Zwiebel, 1 Lorbeerblatt
2 Nelken, 1 Teelöffel weiße Pfefferkörner, 1 Zwiebel oder 3 Schalotten, 1 Teelöffel Butter oder Margarine, 1 Glas Madeira, 1 Löffelspitze Thymian, 1 Päckchen Bratensoße für $1/4$ l, $1/8$ l Rotwein
Pfeffer, etwas saure Sahne.

Tip: Für dieses Essen wird 1 Pfund Zunge verbraucht. Der Rest verbleibt für weitere Gerichte.

Die Zunge mit Wasser bedeckt aufsetzen und Zwiebel, Lorbeerblatt, Nelken und Pfefferkörner mit in den Topf geben. Kochen, bis sich die Zungenspitze leicht eindrücken läßt – das dauert etwa $2^{1}/_{2}$ Stunden. Die Zunge abziehen und schräg in $1/2$ cm dicke Scheiben schneiden. Für die Soße Zwiebel oder Schalotten schälen, in Würfel schneiden und in Butter oder Margarine goldgelb dünsten. Dann Madeira und Thymian hinzufügen und kurz kochen. Das Soßenpulver mit Rotwein verquirlen, dazurühren und aufkochen. Mit Pfeffer und Sahne abschmecken, die Zungenscheiben darin erhitzen, nicht kochen.

Gegrillte Schinkensteaks mit Rührei
Schnell gemacht und leicht bekömmlich

4 Portionen à 460 Kalorien
= 1932 Joule

2 dicke Scheiben magerer gekochter Schinken je 150 bis 200 g, schwarzer Pfeffer
1 Teelöffel Öl, 2 Eier
2 Eßlöffel Dosenmilch, Muskat
1 Eßlöffel Butter, 1 Zwiebel
1 Eßlöffel Margarine
1 Paket tiefgekühlte Erbsen (450 g), 1 Prise Zucker, Salz.

Die Schinkenscheiben pfeffern und einmal durchschneiden. Schinken und Grillpfanne mit Öl bepinseln. Die Pfanne erhitzen, die Steaks hineinlegen, 1 Minute grillen, dann etwas versetzen und noch 1 Minute grillen. (So entsteht das Kreuzmuster!) Die andere Seite auch so braten. Eier, Dosenmilch und etwas Muskat verquirlen, in erhitzte Butter geben und Rühreier bereiten. Vorher die geschälte Zwiebel würfeln und in Margarine hell dünsten. $^{1}/_{2}$ Tasse Wasser dazugießen, 1 Minute kochen, Erbsen, Zucker und Salz hinzufügen. Gar dünsten und zu den Steaks Rührei und Bratkartoffeln oder Brot essen.

Pikante Hawaii-Steaks
Serviert mit Reis und Currysoße

4 Portionen à 252 Kalorien = 1058 Joule

4 Kalbsteaks à 100 g, Salz Pfeffer, Mehl, 2 EßI. Öl
2 Tomaten, 4 Käsescheiben
4 Ananasscheiben, 1 Teel. Edelsüß-Paprika, 2 Teel. Senffrüchte oder kandierte Orangenscheiben

Steaks salzen, pfeffern, in Mehl wenden. Steaks in heißem Öl auf jeder Seite 3 Minuten braten. Tomaten halbieren, pfeffern, in Mehl wenden und auch braten. Steaks mit Käse- und Ananasscheiben belegen. Bei geschlossener Pfanne Käse schmelzen lassen. Mit Paprika bestäuben und mit Tomaten und Senffrüchten oder kandierten Orangen belegen. Dazu 5-Minuten-Reis nach Vorschrift bereiten. Steaks auf Reis anrichten und Currysoße dazu reichen.

Schwarzwälder Schäufele

Ein beliebtes Gästeessen, das wenig Arbeit macht

8-10 Portionen à 490 Kalorien = 2058 Joule

etwa 1,5 kg gepökelte und leicht geräucherte Schweineschulter, etwa 3 l Wasser
1 Zwiebel, 6 Nelken
1 Teelöffel weiße Pfefferkörner, 1 Teelöffel Wacholderbeeren, ½ Teelöffel Thymian, 1 Lorbeerblatt.

Die Schweineschulter mit etwas heißem Wasser abspülen. Das Wasser in einem passenden Topf aufsetzen und die zerschnittene Zwiebel, Nelken, Pfefferkörner, Wacholderbeeren, Thymian und Lorbeerblatt hinzufügen. Aufkochen, das Fleisch hineinlegen, etwa 10 Minuten kochen lassen und bei schwacher Hitze noch etwa 1½ Stunden zugedeckt ziehen lassen. Das fertige Fleisch aus der Brühe heben, aufschneiden und mit Mixed Pickles, Senf, Bauernbrot und Kartoffelsalat servieren. Dazu ein schäumendes Bier kredenzen. Eventuelle Reste in Scheiben schneiden und am Abend kalt als Aufschnitt verwenden.

Schwedische Fleischklöße

Rotwein paßt dazu – und ein Schuß davon verfeinert die Soße

4 Portionen à 210 Kalorien = 882 Joule
250 g Rinderhack, 1 Eßlöffel Paniermehl, 1 Eigelb
2–3 Eßlöffel frische Sahne
Salz, Pfeffer, Muskat
etwas Zwiebelpulver
gehackte Petersilie
1 Beutel getrocknete Steinpilze
1 Zwiebel, 2 Eßlöffel Butter oder Margarine
1 Päckchen Bratensoße.

Das Hackfleisch mit Paniermehl, Eigelb, Sahne, Gewürzen und Petersilie zu einem glatten Teig verarbeiten und 3 cm große Klöße daraus formen. Die Steinpilze mit $1/8$ l heißem Wasser übergießen und 5 Minuten quellen lassen. Die Zwiebel schälen und fein würfeln. Butter oder Margarine in einer Pfanne erhitzen, die Klöße darin unter ständigem Rütteln goldbraun braten, aus dem Fett heben und in eine vorgewärmte Schüssel legen. Zwiebelwürfel im Bratfett gelblich dünsten und Pilze mit Flüssigkeit und Soßenpulver dazugeben. Umrühren, aufkochen, über die Klößchen geben. Zu Teigwaren essen.

Schweinebraten „Florida"
Schmeckt mit Kartoffelpüree oder Kroketten

4 Portionen à 340 Kalorien
= 1428 Joule
750 g Schweinerollbraten, Salz
Pfeffer, 1 Zwiebel
1 Eßlöffel Biskin
$1/2$ Tasse Weinessig
2 Eßlöffel Zucker
2 Eßlöffel Tomatenketchup
1 Teelöffel Streuwürze
$1/2$ Tasse geschnittene Ananas
mit Saft, 1 gestrichener Eßlöffel
Speisestärke.

Fleisch salzen und pfeffern, Zwiebel schälen und grob würfeln. Den Backofen auf 200 Grad stellen, eine Bratpfanne einschieben, nach Erreichen der Temperatur das Fett in die Pfanne geben, den Schweinebraten einlegen und ringsum braun anbraten; danach die Zwiebel zugeben und den Braten in ca. $1 1/4$ Stunden gar werden lassen. Inzwischen Essig, Zucker, Tomatenketchup, Streuwürze, Ananas mit Saft sowie Speisestärke verrühren. Den Bratensatz mit $1/8$ l Wasser loskochen, durchseihen, die Ananasmischung dazugeben und unter Rühren einmal kurz aufkochen lassen. Den Braten aufschneiden.

Gebratenes Kalbsfrikandeau

Die Soße mit Sherry, Estragon oder Champignons verfeinern

4 Portionen à 340 Kalorien = 1428 Joule

750 g Kalbsfrikandeau (oder anderes Kalbfleisch aus der Keule), **Salz, Pfeffer**
250 g Kalbsknochen
1 Zwiebel, 2 Nelken
1 Lorbeerblatt, 1 Karotte
etwas Sellerie, 1–2 Tomaten
1 Eßlöffel Butter oder Margarine
1 Päckchen Bratensoße oder 1 Eßlöffel Speisestärke

Fleisch salzen und pfeffern. Knochen in eine dem Fleisch entsprechend große feuerfeste Schüssel geben und das Fleisch darauflegen. Mit Zwiebel, Karotte, Sellerie, Tomaten und Gewürzen umlegen und das Fleisch mit Butter- oder Margarineflocken bedecken. Gefettetes Butterbrotpapier auf den Braten legen, die Schüssel zudecken und bei 225 Grad im Backofen ca. $1^{1}/_{2}$ Stunden garen. Den Braten unter mehrmaligem Übergießen mit dem Bratensaft noch ca. $^{1}/_{4}$ Stunde offen bräunen lassen. Zu dem Bratensatz $^{1}/_{4}$ l Wasser geben, durchkochen, abseihen, mit etwas Speisestärke oder Soßenpulver binden.

Gefüllte Schweinekoteletts

Bratkartoffeln und beliebige Gemüse schmecken gut dazu.

4 Portionen à 412 Kalorien = 1730 Joule
4 Schweinekoteletts
2 rohe Bratwürste
1 Eßlöffel gehackte Petersilie
1 Teelöffel gewürfelte Zwiebeln oder etwas Zwiebelpulver
2 Teelöffel Senf
2 Eßlöffel Weißwein
etwas scharfer Paprika
etwas Biskin.

Die Schweinekoteletts an der Rundung entlang bis zum Knochen einschneiden, so daß eine Tasche entsteht. Die Bratwurstfarce mit Petersilie, Zwiebelwürfeln oder Zwiebelpulver, Senf, Weißwein und Paprika vermischen, in die Schweinekoteletts füllen und mit Zahnstochern verschließen. Biskin in einer Pfanne erhitzen, die gesalzenen Schweinekoteletts hineinlegen und auf jeder Seite 5 Minuten braten und dabei mehrmals mit dem Bratfett übergießen. Mit einer braunen Soße (Delikateßbratensoße aus dem Päckchen!) servieren.

Warmes Kasseler mit buntem Kartoffelsalat
Eignet sich auch ausgezeichnet als Gästeessen

4 Portionen à 440 Kalorien
= 1848 Joule

1 kg Kasseler Rippchen
1 Zwiebel, 2 Nelken
1 Lorbeerblatt
1/2 Teelöffel Wacholderbeeren
1/2 Teelöffel Kümmel
1 Becher geriebener Meerrettich. –
Salat: 750 g Pellkartoffeln
4 Essiggurken, 1 Zwiebel
2 hartgekochte Eier
2 Teelöffel Senf, Essig
Salz, Pfeffer
1 Becher Joghurt.

Das Kasseler Rippchen in kochendes Wasser legen, die Zwiebel mit Nelken und Lorbeerblatt bestecken und hinzufügen, ebenso die Wacholderbeeren und den Kümmel. Den Topf zudecken und das Kasseler etwa 40 Minuten gar ziehen lassen, nicht kochen. Salat: Die geschälten Pellkartoffeln und die Essiggurken in Scheiben schneiden. Die Zwiebel schälen und fein hacken, die Eier schälen und in grobe Würfel schneiden. Die vorbereiteten Zutaten mischen und alles mit den Gewürzen und Joghurt pikant anmachen. Zum warmen, aufgeschnittenen Kasseler, mit geriebenem Meerrettich, servieren.

Wiener Tafelspitz mit Apfelkren
In Österreich heißt Meerrettich „Kren"!

4 Portionen à 525 Kalorien
= 2205 Joule
750 g **Rinderhüfte, Salz**
1 Zwiebel, 1 Lorbeerblatt
2 Nelken, 2 Stangen Porree
1 kleine Sellerieknolle
2 Möhren
1 kleiner Wirsingkohl
750 g Kartoffeln
250 g Äpfel (Golden Delicious)
Saft von $^1/_2$ Zitrone
oder $1^1/_2$ Eßlöffel weißer Essig
100 g geriebener Meerrettich
Zucker nach Geschmack.

Das Fleisch und eine mit Lorbeerblatt und Nelken besteckte Zwiebel in gesalzenes Wasser legen und leise sprudeln lassen. Die Porreestangen halbieren, waschen und zusammenbinden. Sellerie und Möhren schälen und den Wirsing halbieren. Das Gemüse nach 1 Stunde Kochzeit zum Fleisch geben, das dann noch $^1/_2$ Stunde kochen muß. Kartoffeln schälen und in Fleischbrühe garen, Äpfel schälen, fein reiben und sofort mit Zitronensaft oder Essig mischen. Mit Meerrettich, Zucker und Salz abschmecken. In Scheiben geschnittenes Fleisch, Gemüse und Kartoffeln zusammen anrichten und Apfelkren dazu essen.

Kalbsrücken „Orloff"

Feines Fleisch in würziger „Verpackung"

4 Portionen à 720 Kalorien = 3024 Joule

1,2 kg Kalbskotelett am Stück ohne Rückgratknochen
Salz, weißer gemahlener Pfeffer
2 Eßlöffel Öl, 1 Zwiebel
1 Möhre, 1 Tasse Reis
6 Zwiebeln, 1 Eßlöffel Fett
1 Teelöffel Aromat oder Fondor, 2 Eigelb
75 g Emmentaler Käse
1 schwach gehäufter Eßlöffel Semmelbrösel.

Kotelettstück salzen und pfeffern. In Öl ringsum anbraten und bei 225 Grad (Gas Stufe 4) im Backofen 1½ Stunden braten. Nach 1 Stunde auf 180 Grad zurückschalten und Zwiebel- und Karottenwürfel zugeben. Reis, Zwiebelscheiben, Fett, 1 Teelöffel Salz, Aromat oder Fondor mit 2 Tassen Wasser aufkochen und zugedeckt in 35 Minuten gar quellen lassen. Danach durch ein Haarsieb passieren und mit Eigelb mischen. Kalbsbraten herausnehmen, 15 Minuten ruhen lassen. Fleisch vom Knochen lösen. Aufschneiden, Scheiben, mit je 1 Teelöffel Zwiebelmus dazwischen, auf den Knochen setzen. Ringsum mit Zwiebelmus bestreichen, mit Käse-Brösel-Mischung bestreuen. Noch 25 Minuten überbacken.

Gebratenes Roastbeef

Ein zart rosig-knusprig gebratenes Roastbeef ist ein echtes Meisterstück

6 Portionen à 330 Kalorien = 1386 Joule

1 kg Roastbeef, Salz
schwarzer gemahlener Pfeffer
2 Zwiebeln, 1 Eßlöffel Palmin
¼ l Fleischbrühe (Würfel)
1 gestrichener Teelöffel Speisestärke.

Das Fleisch salzen und pfeffern, die Zwiebeln würfeln. Den Backofen auf 225 Grad stellen, eine Bratpfanne einschieben, nach Erreichen der Temperatur Fett in die Pfanne geben und das Roastbeef in der Pfanne ringsum anbraten, sobald das Fett leicht zu rauchen beginnt. Danach die Zwiebeln beifügen und bei geschlossenem Backofen in ca. 25 Minuten gar werden lassen. Dabei bitte nicht hineinstechen, da sonst der Fleischsaft herausläuft. Vor dem Aufschneiden das Fleisch noch 15 Minuten ruhen lassen. Den Bratensatz mit der Fleischbrühe verkochen und mit der kalt angerührten Speisestärke binden.

Pikanter Schmorbraten

Sie sparen fast 1 Stunde Kochzeit, wenn Sie einen Schnellkochtopf haben

4 Portionen à 460 Kalorien = 1932 Joule

750 g Rinderbraten aus der Keule
Salz, Pfeffer, 2 Zwiebeln
1 Karotte, ¼ Sellerieknolle
1 Eßlöffel Biskin oder Öl
1 Teelöffel Pfefferkörner
2 Lorbeerblätter
1 Eßlöffel Mehl
3–4 reife Tomaten
¼ l Rotwein, ¼ l Wasser
Streuwürze, 1 Eßlöffel getrocknete Steinpilze.

Den Rinderbraten mit Salz und Pfeffer würzen. Zwiebeln, Karotte und Sellerieknolle schälen und in grobe Würfel schneiden. Fett in einem Topf heiß werden lassen, das Fleisch ringsum braun anbraten und herausnehmen, Gemüse zugeben und 5 Minuten braten. Danach Gewürze und Mehl beifügen und 2–3 Minuten weiterdünsten. Tomaten, Rotwein und Wasser zu dem Gemüse geben, das Fleisch beifügen und zugedeckt unter mehrmaligem Wenden in ca. 1³/₄ Stunden gar werden lassen. Die Soße durchseihen, mit den getrockneten Steinpilzen 5 Minuten kochen und mit Streuwürze abschmecken.

Curry von Schweinefleisch
Für alle, die es ein wenig „chinesisch" mögen

4 Portionen à 710 Kalorien
= 2982 Joule

750 g Schweinebug (Schulter)
3 Zwiebeln, 2 Äpfel
1 Knoblauchzehe
2 Eßlöffel Butter
oder Margarine
1 Teelöffel Curry, Salz
Pfeffer, 2 Becher Joghurt
2 gehäufte Teelöffel
Speisestärke.

Das Schweinefleisch in 2 bis 3 cm große Würfel schneiden. Zwiebeln schälen und würfeln. Die Äpfel vierteln, entkernen, in Scheiben schneiden und grob hacken. Die Knoblauchzehe schälen und zerdrücken. Butter oder Margarine in einem Topf erhitzen, die Fleischwürfel darin goldbraun anbraten und dann Zwiebeln, Äpfel, Curry, Salz und Pfeffer dazugeben. Das Fleisch zugedeckt etwa 45 Minuten leise schmoren und dabei öfters umrühren. Joghurt mit Speisestärke verrühren, zum Schweinefleisch rühren und noch einmal aufkochen lassen. Dazu Reis, beliebige Salate und Mango-Chutney reichen.

Schweineröllchen mit Käse

Ein zarter Leckerbissen für alle, die es würzig mögen

4 Portionen à 410 Kalorien
= 1722 Joule

4 Schweineschnitzel à 100 g
1 rote Paprikaschote
2 Zwiebeln, Salz
gemahlener Kümmel, 1 Eßlöffel
Butter oder Margarine
1/2 Dose geschälte Tomaten
1/2 Becher Joghurt
1/2 Teelöffel Speisestärke
4 Scheiben Käse.

Die Paprikaschote vierteln, entkernen, waschen und in Streifen schneiden. Die Zwiebeln schälen und fein hacken. Die dünngeklopften Schweineschnitzel mit Salz und gemahlenem Kümmel bestreuen und mit den Paprikastreifen belegen. Zusammenrollen und mit Zahnstochern feststecken. Fett in einer Pfanne erhitzen, die Schnitzel darin gut anbraten, die Zwiebeln dazugeben und kurz mitbraten. Die Tomaten hinzufügen, zudecken und etwa 40 Minuten leise schmoren lassen. Dann Joghurt mit Speisestärke verquirlen, die Soße damit binden. Die Schweineröllchen mit Käse kurz überbacken.

Rahmschnitzel mit Jägersoße

Servieren Sie dazu Spätzle und viel frischen Salat

4 Portionen à 275 Kalorien
= 1155 Joule
4 Schnitzel vom Kalb
oder Schwein
Salz, Pfeffer, Paprika edelsüß
 etwas Mehl, 1 kleine Zwiebel
50 g magerer Schinken
125 g Pfifferlinge
1 Eßlöffel Butter oder
Margarine, ¼ l frische Sahne
1 Päckchen Bratensoße
etwas Rosenpaprika
Schnittlauch.

Die Schnitzel leicht klopfen, mit Salz, Pfeffer und Paprika einreiben und in Mehl wenden. Geschälte Zwiebel und Schinken in kleine Würfel schneiden, die Pfifferlinge putzen und waschen. Butter oder Margarine in einer Pfanne erhitzen, die Schnitzel hineinlegen, von jeder Seite 4 bis 5 Minuten braten, herausnehmen und heiß halten. Zwiebel- und Schinkenwürfel in das Bratfett geben und andünsten. Die Pfifferlinge hinzufügen und 5 Minuten dünsten. Sahne und Soßenpulver dazurühren, die Soße aufkochen, mit Rosenpaprika abschmecken. Mit den Schnitzeln anrichten und mit Schnittlauch bestreuen.

Hammelkeule „Bäckerin-Art"

Schmeckt ähnlich wie der berühmte „Straßburger Bäckeofe"

4 Portionen à 900 Kalorien
= 3780 Joule

1 kg Hammelkeule, Salz, Pfeffer
2 Knoblauchzehen
1 Eßlöffel Butter oder Margarine, 1 kg Kartoffeln
3 Zwiebeln, Muskat
1 Teelöffel Thymian
2 Lorbeerblätter.

Das Fleisch mit Salz und Pfeffer würzen und mit in Stifte geschnittenem Knoblauch bestecken. Fett in feuerfester Schüssel im Backofen bei 220° erhitzen, das Fleisch darin bräunen und dann 30 Minuten braten. Kartoffeln und Zwiebeln schälen und in $1/2$ cm dicke Scheiben schneiden. Hammelkeule aus der Form nehmen. Jetzt Kartoffeln und Zwiebeln lagenweise in die Form schichten und mit Salz, Pfeffer, Muskat, etwas Thymian und Lorbeer würzen. Darüber dann 1 Tasse kochendes Wasser gießen und das angebratene Fleisch darauflegen. Bei 200 Grad das Ganze nochmals 50 Minuten braten. In der Form servieren und dazu kräftigen Rotwein reichen.

Szegediner Gulasch
Wichtig ist aromatischer Paprika. Er ist dunkelrot

4 Portionen à 250 Kalorien = 1050 Joule

375 g mag. Schweinefleisch
1 Zwiebel, 2 Teelöffel Öl
2 Teelöffel milder Paprika
1 Teelöffel Tomatenmark
1/2 Dose Sauerkraut
1/3 Teelöffel Kümmel
1/4 l Fleischbrühe (Würfel!)
1/8 l saure Sahne
1 Prise Rosenpaprika.

Das Fleisch in 2 cm große Würfel schneiden, die geschälte Zwiebel fein hacken. Öl im Schmortopf erhitzen, die Zwiebeln darin goldgelb dünsten. Das Fleisch mit dem Paprika mischen, zu den Zwiebeln geben und das Tomatenmark hinzufügen. Gut umrühren, zudecken und auf schwacher Hitze etwa 1 Stunde schmoren. Dabei von Zeit zu Zeit wenig Wasser dazugießen. Sauerkraut, Kümmel und Fleischbrühe in einen zweiten Topf geben und zugedeckt etwa 30 Minuten dünsten. Zuletzt Fleisch, Sauerkraut und Sahne miteinander vermischen und dem Gericht mit Rosenpaprika die gewünschte Schärfe geben.

Rouladen „Hausfrauenart"

Schon am Samstag für den Sonntagmittag vorbereiten!

4 Portionen à 475 Kalorien = 1995 Joule
4 Scheiben Rollfleisch
etwa 1 Eßlöffel Senf, 1 Zwiebel
50 g durchwachsener Räucherspeck
1 kleine Gewürzgurke
Salz, Pfeffer, 1 Eßlöffel Mehl
1 Eßlöffel Butter, 1 Eßlöffel Öl
1 Eßlöffel Tomatenmark
$1/4$ l Rotwein, 1 Becher saure Sahne oder Joghurt
1 Teelöffel Speisestärke.

Das Fleisch mit Senf bestreichen. Geschälte Zwiebel, Speck und Gurke in feine Würfel schneiden und daraufstreuen. Dann aufrollen, zusammenstecken, mit Salz und Pfeffer bestreuen und in Mehl wenden. Butter und Öl erhitzen und die Rouladen darin dunkelbraun anbraten. Das übrige Mehl ins Bratfett geben und darin leicht bräunen. Dann Tomatenmark, Rotwein und $1/8$ l Wasser hinzufügen, die Rouladen zudecken und in etwa $1 1/4$ Stunden garschmoren. Aus der Soße heben und in eine vorgewärmte Schüssel legen. Sahne oder Joghurt mit Speisestärke verquirlen, zur Soße rühren und aufkochen. Abschmecken, über die Rouladen geben.

Lammragout mit Curry

Gönnen Sie sich dazu ein Gläschen leichten Rotwein

4 Portionen à 405 Kalorien
= 1701 Joule

500 g Lammschulter
ohne Knochen, 3 Zwiebeln
1 Knoblauchzehe
1 Eßlöffel Öl, 1 Lorbeerblatt
Salz, Pfeffer, 1 Apfel
2 gehäufte Teelöffel Curry
¹/₈ l Fleischbrühe (Würfel)
1 Becher Joghurt
2 gehäufte Teelöffel
Speisestärke.

Das Fleisch in 2 cm große Würfel schneiden. Zwiebeln und Knoblauch schälen und fein hacken. Das Öl im Schmortopf erhitzen, die Fleischwürfel hineingeben und braun braten. Zwiebeln und Knoblauch hinzufügen und auf schwacher Hitze 5 Minuten braten. Lorbeerblatt, Salz und Pfeffer dazugeben. Den Apfel schälen, entkernen, würfeln und mit dem Curry zum Fleisch geben. Die heiße Fleischbrühe dazugießen, das Gericht zudecken und etwa 35 Minuten garen. Joghurt mit Speisestärke verquirlen, zum Ragout gießen, umrühren und aufkochen. Abschmecken und mit körnig gekochtem Reis, Mango-Chutney und frischem Salat servieren.

Rindfleisch mit Paprikaschoten

Servieren Sie dazu Reis und Bier, zum Nachwürzen Sojasoße

4 Portionen à 300 Kalorien = 1260 Joule

① 375 g Rinderlende 2 Eßlöffel Speisestärke, 2 Eßlöffel Sojasoße 1 Eßlöffel Weißwein oder Sherry ½ gestrichener Teelöffel Zucker 1 Löffelspitze Pfeffer. –
② 2 Zwiebeln, 1 Knoblauchzehe 4 grüne Paprikaschoten ⅓ Tasse Öl, ¼ l Hühnerbrühe (Würfel), 2 Eßlöffel Sojasoße 2 Eßlöffel Tomatenketchup Glutamat oder Streuwürze (Aromat oder Fondor) 1 gestrichener Eßlöffel Speisestärke.

Die Rinderlende enthäuten, in dünne Blättchen schneiden, in Speisestärke wenden, mit den übrigen Zutaten zu ① mischen und 1 Stunde stehen lassen. Zwiebeln und Knoblauch schälen und fein hacken. Paprikaschoten vierteln, entkernen, waschen und in Streifen schneiden. Das Öl erhitzen, das Fleisch darin in 2 oder 3 Partien 1 Minute braten, auf einem Sieb abtropfen lassen. Zwiebeln, Knoblauch und Paprika 3 Minuten in dem Öl braten. Hühnerbrühe, Sojasoße, Ketchup, Glutamat oder Streuwürze hinzufügen. 1 Minute kochen, mit verquirlter Speisestärke binden, das Fleisch darin erhitzen, nicht kochen.

Chinesisches Schweinefleisch
Essen Sie dazu Kroepoek (Krabbenbrot)

4 Portionen à 540 Kalorien = 2268 Joule

① 375 g Schweinelende ohne Fett und Sehnen, 2 Eßl. Sherry oder Reiswein, 1 Eßl. Sojasoße 1 Prise Salz, ½ Teel. Fondor Pfeffer. – ② 2 Stangen Porree 2 Zwiebeln, 50 g Glasnudeln 2 Eßl. getrocknete schwarze Pilze, ½ Dose Bambussprossen 2 Scheiben Ananas. – ③ ½ Tasse Weinessig, 4 Eßl. Zucker, 2 Eßl. Ananassaft, ⅓ l Hühnerbrühe (Würfel), 3 Eßl. Tomatenketchup, 1 Eßl. Sojasoße, 1 Tasse Öl, ½ Teel. Speisestärke.

Das Fleisch in Scheiben schneiden und mit den übrigen Zutaten zu ① mischen. Porree und Zwiebeln putzen und in Streifen schneiden. Nudeln und Pilze (getrennt!) je 3 Minuten in Salzwasser kochen, abgießen. Bambus und Ananas in Streifen schneiden. Die Zutaten zu ③ bis auf Öl und Speisestärke mischen. Das Fleisch in Speisestärke wenden, 2 Minuten in Öl braten, herausnehmen und abtropfen lassen. Zwiebel und Porree 2 Minuten in dem Öl braten. Das Fett abgießen und nun die Essigmischung, Nudeln, Pilze, Bambus und Ananas dazugeben. 1 Minute kochen, das gewürzte Fleisch hinzugeben und darin erhitzen. Zu Reis anrichten.

Gekochtes Hähnchen mit Paprikasoße

Auf Reis anrichten und dazu frischen Salat servieren

4 Portionen à 375 Kalorien
= 1575 Joule

1 Brathähnchen, 1 Stange
Porree, 1 Möhre, 3 Zwiebeln
2 Nelken, 2 Chilischoten
1 Zweig Thymian, 1 Lorbeerblatt, 1 Glas Weißwein
1 Teelöffel Aromat oder Fondor
2 Paprikaschoten
1 Eßlöffel Butter
oder Margarine
1 Likörglas Whisky
1/8 l frische Sahne
1 Teelöffel Paprika edelsüß
2 Teelöffel Instant-Bratensoße.

Das gewaschene Hähnchen in einen passenden Topf legen, in die Lücken Porree und Möhre (geputzt!), 1 geschälte Zwiebel, Nelken, Chilischoten, Thymian und Lorbeerblatt. Knapp mit Wasser bedecken, Weißwein und Aromat oder Fondor hinzufügen. Aufkochen, etwa 25 Minuten garen, herausheben, abkühlen, zerlegen und dabei Haut und Knochen entfernen. 2 geschälte Zwiebeln und die geputzten Paprikaschoten in Würfel schneiden und in Butter oder Margarine glasig dünsten. Whisky zugeben und anzünden. Sahne und Paprika hinzufügen und Instant-Bratensoße daraufstreuen. Umrühren, aufkochen, das Hähnchenfleisch einlegen und darin erhitzen.

Brathähnchen mit Morchelsoße

Dazu schmecken Pommes croquettes, frischer Salat und Weißwein

4 Portionen à 455 Kalorien
= 1911 Joule

1 Brathähnchen
Salz und Pfeffer
2 Eßlöffel Margarine
oder Biskin, 2 Zwiebeln
1 Tasse Weißwein
1 kleine Dose Morcheln
1 Teelöffel Speisestärke
¹/₄ l frische Sahne

Das Hähnchen gut waschen, dabei die Innereien herausnehmen und kurz abspülen. Dann innen und außen mit Salz und Pfeffer einreiben. Margarine oder Biskin in der Bratenform erhitzen, das Hähnchen und die Innereien hineingeben, bei 180 Grad in den Backofen stellen und 35 Minuten braten. Inzwischen die Zwiebeln schälen und würfeln, die Speisestärke in die Sahne rühren. Das Hähnchen aus der Bratenform nehmen, heiß halten. Zwiebelwürfel und Weißwein in den Bratenfond geben, um die Hälfte verkochen lassen. Die Morcheln hinzufügen, kurz kochen, die Sahne dazugießen und aufkochen. Die Soße mit Salz und Pfeffer abschmecken.

Wildschweinragout mit Semmelknödel
Gönnen Sie sich dazu ein Glas Spätburgunder

4 Portionen à 380 Kalorien = 1596 Joule

750 g Wildschweinragout
Salz, Pfeffer, etwas Mehl
50 g durchwachsener Räucherspeck, 2 Zwiebeln
2 Eßlöffel Öl
¹/₂ Teelöffel Wacholderbeeren
1 Lorbeerblatt
1 Zweig Thymian
³/₈ l Rotwein
1 Würfel Bratensaft
1 Teelöffel Speisestärke.

Das Fleisch mit Salz und Pfeffer bestreuen und in Mehl wenden. Speck und geschälte Zwiebeln würfeln. Das Öl im Schmortopf erhitzen, Speck- und Fleischwürfel hineingeben und schön braun braten. Dann Zwiebelwürfel, Wacholderbeeren, Lorbeerblatt und Thymian hinzufügen und 3 bis 4 Minuten weiterbraten. Nun Rotwein und Bratensaft hinzufügen, das Ragout aufkochen und zugedeckt bei schwacher Hitze in etwa 1¹/₄ Stunden garschmoren. Speisestärke mit etwas Wasser verquirlen, dazurühren und kurz aufkochen. Das Ragout mit Salat und Semmelknödel aus fertigem Knödelmehl anrichten.

Pastetchen mit Wildragout
Ein kleiner leckerer Abendimbiß

4 Portionen à 425 Kalorien
= 1785 Joule

4 Pastetchen, 250 g mageres sehnenfreies Wildfleisch
1 Zwiebel, 1 Knoblauchzehe
50 g Räucherspeck
1 Teelöffel Paprika edelsüß
1 Teelöffel Tomatenmark
2 gestrichene Eßlöffel Mehl
$1/4$ l Rotwein
Aromat oder Fondor
$1/4$ Dose Pfifferlinge.

Die Pastetchen bei 50 Grad im Backofen erwärmen. Das Fleisch in 1 cm große Würfel schneiden. Zwiebel und Knoblauch schälen und fein hacken, den Speck würfeln, auslassen und Zwiebel und Knoblauch darin gelb dünsten. Die Fleischwürfel dazugeben und kurz anbraten. Dann Paprika, Tomatenmark und Mehl hineinrühren. Weiterrühren und danach Rotwein und $1/8$ l Wasser dazugießen. Das Ragout aufkochen, bei schwacher Hitze etwa 30 Minuten garen und dann die Pfifferlinge hinzufügen. Mit etwas Aromat oder Fondor abschmecken, in Pastetchen füllen und vielleicht mit Petersilie und Tomaten garnieren. Paprikasalat dazu servieren.

Hähnchen mit Krabbensoße

Dazu Reis mit gedünsteten Paprikastückchen

4 Portionen à 430 Kalorien
= 1806 Joule

1 tiefgekühltes Hähnchen
1 Zitrone, 1 Lorbeerblatt
1 Bund frischer oder 1 Eßlöffel getrockneter Dill, Salz
1 Zwiebel, 1 Knoblauchzehe
1 Eßlöffel Butter oder Margarine, 1/2 Tasse Martini Dry
1 kleine Dose Hummer- oder Krebssuppe, 1 Eigelb
1 Eßlöffel Speisestärke
1/2 Tasse frische Milch
Cayennepfeffer, 50 g Krabben oder Shrimps aus der Dose.

Hähnchen (aufgetaut) und Zitrone gut waschen (Zitrone in Scheiben schneiden), knapp mit Wasser bedeckt aufsetzen, Lorbeerblatt, Dill und Salz hinzufügen, etwa 35 Minuten kochen. Zwiebel und Knoblauch schälen und fein hacken, in Butter oder Margarine gelb dünsten. Martini hinzufügen, 2 Minuten stark kochen, 1/4 l Hähnchenbrühe dazugießen. 3 Minuten kochen, Hummer- oder Krebssuppe dazugeben, aufkochen. Eigelb mit Milch und Speisestärke verquirlen, dazurühren und aufkochen. Mit Cayennepfeffer abschmecken, die Krabben oder Shrimps hinzufügen – nicht kochen. Das Hähnchen zerteilen, enthäuten, anrichten und mit Soße übergießen.

Hähnchen in der Tonform

In der Tonform wird Fleisch sehr saftig und würzig

4 Portionen à 600 Kalorien
= 2520 Joule
1 tiefgekühltes Hähnchen
125 g Hühnerleber
125 g Hackfleisch
2 Scheiben Toastbrot
Salz, Pfeffer, Muskat
Majoran, Rosmarin
2 Zwiebeln, 3 Möhren
1 Sellerieknolle
500 g kleine Kartoffeln
1 Knoblauchzehe
¹/₈ l Weißwein.

Hühnerleber, Hackfleisch und eingeweichtes Toastbrot nacheinander durch die feinste Scheibe des Fleischwolfes treiben, mit Salz, Pfeffer, Muskat, Majoran und Rosmarin kräftig abschmecken, das aufgetaute Hähnchen damit füllen. Zwiebeln, Möhren und Sellerie schälen und in Scheiben schneiden, Kartoffeln nur schälen. Knoblauch schälen und hacken. Die Tonform 10 Minuten in kaltes Wasser legen, dann Gemüse, Kartoffeln und Knoblauch hineingeben, salzen und pfeffern. Das Hähnchen darauflegen, mit Rosmarin bestreuen, mit Weißwein übergießen, zudecken und in den kalten Backofen stellen. 225 Grad einschalten, 90 Minuten braten.

Fasan Winzerin Art

Servieren Sie dazu Kartoffelpüree und Sauerkraut mit Weintrauben

4 Portionen à 680 Kalorien = 2856 Joule

1 junger Fasan, Salz
Pfeffer, etwas Kognak
oder Weinbrand
2 Scheiben frischen fetten Speck
1 Zwiebel, 1 Möhre
¼ Sellerieknolle
2 Eßlöffel Butter oder Margarine
1 Teelöffel Wacholderbeeren
¼ l Rotwein, ¼ l Sahne.

Den Fasan salzen, pfeffern und innen mit Kognak oder Weinbrand betropfen. Die Speckscheiben auf die Brust legen und festbinden. Zwiebel, Möhre und Sellerie putzen und in Stücke schneiden. Butter oder Margarine im Bratentopf erhitzen, den Fasan hineinlegen und anbraten. Das Gemüse und zerdrückte Wacholderbeeren dazugeben und den Bratentopf offen in den Backofen (rechtzeitig auf 200 Grad einschalten!) stellen. Nach 35 Minuten die Speckscheiben abnehmen und noch 10 Minuten braten. Für die Soße Rotwein zum Gemüse gießen, kurz kochen, durchseihen, mit Sahne verrühren und mit Instant-Bratensoße binden.

Huhn à la Königin

Mit einem Huhn aus der Dose ein Schnellgericht

4 Portionen à 670 Kalorien
= 2814 Joule
1 Suppenhuhn, 1 Zwiebel
1 Lorbeerblatt, 2 Nelken
$1/2$ Möhre, 1 Stück Sellerie
Salz, 1 grüne Paprikaschote
2 EBl. Butter oder Margarine
4 gestrichene Eßlöffel Mehl
$1/4$ l kalte Milch
1 kleine Dose Champignons
Saft von $1/2$ Zitrone
etwas Worcestersoße.

Tip: Servieren Sie dazu Toast oder Reis und einen beliebigen Salat.

Das Huhn waschen und in einen passenden Topf legen. Dazu geschälte Zwiebel, Lorbeerblatt, Nelken, geschälte Möhre, geputzte Sellerie und 1 Teelöffel Salz. Auf schwacher Hitze kochen, bis sich die Schenkel leicht lösen lassen. Die Paprikaschote vierteln, entkernen, waschen, in Streifen schneiden und in Butter oder Margarine andünsten. Mit Mehl bestäuben, gut verrühren und 2 Minuten aufschäumen lassen. Die Milch dazurühren, $1/4$ l Hühnerbrühe und Champignons hinzufügen und die Soße 5 Minuten kochen. Das Fleisch von Haut und Knochen lösen, schneiden, in der Soße erhitzen. Mit Zitronensaft, Worcestersoße und Salz abschmecken.

Hähnchenherzen in pikanter Soße

Das kernige Fleisch oft preiswert im Sonderangebot

4 Portionen à 205 Kalorien = 861 Joule

250 g frische oder tiefgekühlte Hähnchen- oder Putenherzen
Salz und Pfeffer, 1 Zwiebel
50 g durchwachsener Räucherspeck
2 Eßlöffel Silberzwiebeln
½ Lorbeerblatt, etwas Thymian
⅛ l Rotwein
1 Päckchen Bratensoße
1 Eßlöffel gehackte Petersilie
1 Teelöffel Senf
1 Eßlöffel Tomatenketchup.

Tip: Servieren Sie dazu Reis und pikant eingelegtes Gemüse

Die Hähnchenherzen gut waschen und dabei den weißen Strang entfernen. Die Putenherzen in kleine Würfel schneiden und dabei alles Weiße entfernen. Das so vorbereitete Fleisch mit Salz und Pfeffer würzen. Die Zwiebel schälen und würfeln. Den Speck in Streifen schneiden und kurz braten. Zwiebel und Herzfleisch hinzufügen und darin anbraten. Dann Silberzwiebeln, Lorbeerblatt, Thymian und Rotwein dazugeben und das Gericht 40 Minuten auf schwacher Hitze schmoren. Soßenpulver und ¼ l Wasser verquirlen, dazurühren und aufkochen. Mit Senf und Ketchup abschmecken, in einer Schüssel anrichten und mit Petersilie bestreuen.

Hähnchen Veroneser Art

Gönnen Sie sich dazu ein Gläschen italienischen Landwein

**4 Portionen à 370 Kalorien
= 1554 Joule (ohne Beilagen)**
**1 Hähnchen, Salz
Pfeffer, etwas Mehl
2 Zwiebeln, 2 Möhren
3 Eßlöffel Olivenöl
oder anderes Öl
1 kleine Dose geschälte
Tomaten
10 mit Mandeln gefüllte Oliven.**

Das Hähnchen waschen, mit der Geflügelschere in 4 oder 6 Teile schneiden und abtrocknen. Das Fleisch mit Salz und Pfeffer einreiben und in Mehl wenden. Zwiebeln und Möhren schälen und fein würfeln. Das Öl in einer tiefen Pfanne erhitzen, die Hähnchenteile hineinlegen, darin anbraten und wieder herausnehmen. Zwiebeln und Möhren in die Pfanne geben und glasig dünsten. Dann die Tomaten dazugeben, gut umrühren und aufkochen. Die Hähnchenteile hineinbetten, zudecken und bei schwacher Hitze etwa 30 Minuten schmoren. Die Oliven in Scheiben schneiden und hinzufügen. Abschmecken und dazu Spaghetti und frischen Salat anrichten.

Beilagen
Hauptgerichte
Eintöpfe

Blumenkohl italienisch

Bei großem Appetit eine Scheibe Schinken dazu essen!

4 Portionen à 285 Kalorien
= 1197 Joule
1 Blumenkohl, 2 Zwiebeln
2 Eßlöffel Margarine
1 Teelöffel Streuwürze
250 g Edamer Käse
¹/₂ Dose geschälte Tomaten
¹/₂ Teelöffel Thymian
etwas Knoblauchsalz.

Den Blumenkohl putzen, in Röschen zerteilen und in kaltes Salzwasser legen. Die Zwiebeln schälen, würfeln und in Margarine andünsten. Blumenkohlröschen, Streuwürze und 1 Tasse Wasser hinzufügen und das Gemüse zugedeckt etwa 20 Minuten dünsten. Inzwischen den Käse reiben und die Tomaten aus der Dose abtropfen lassen. (Den Saft trinken oder für Suppe oder Soße verwenden!) Die Tomaten auf eine feuerfeste Platte verteilen und mit Thymian und Knoblauchsalz bestreuen. Die Blumenkohlröschen (auch gut abgetropft!) auf die Platte geben, mit dem Käse bestreuen und im Backofen bei 200 Grad 20 Minuten überbacken.

Blumenkohl mit Käsesoße

Servieren Sie dazu dicke Scheiben gekochten Schinken

4 Portionen à 210 Kalorien
= 882 Joule
1 großer Blumenkohl
Salz, 200 g bayerischer Tilsiter
1 Päckchen Helle Soße
für $^1/_4$ l, $^1/_8$ l Milch
oder Sahne, 2 Eigelb
1 Löffelspitze Rosenpaprika
(scharf!)
1 Eßlöffel Margarine
1 Eßlöffel Semmelbrösel.

Den Blumenkohl putzen, vierteln und 10 Minuten in Salzwasser legen. $^1/_2$ l Wasser gut salzen, aufkochen, den Blumenkohl hineinlegen, zudecken und bei schwacher Hitze 25 Minuten kochen. Inzwischen den Käse reiben, Soßenpulver mit Milch, Eigelb und Rosenpaprika verrühren. $^1/_8$ l Blumenkohlwasser erhitzen, das angerührte Soßenpulver dazurühren und aufkochen. Die Hälfte geriebenen Käse hineingeben. Den Blumenkohl sehr gut abtropfen lassen, auf eine feuerfeste Platte legen und mit der Käsesoße übergießen. Mit Käse und Semmelbröseln bestreuen, mit Margarineflöckchen belegen und bei 200 Grad 15 Minuten überbacken.

Porree, mit Käse überbacken
Auch ohne Fleisch eine sättigende Mahlzeit

4 Portionen à 240 Kalorien
= 1008 Joule

1 kg Porree, 1 Eßlöffel Butter oder Margarine
1 Teelöffel Aromat oder Fondor
Salz, Muskat, Pfeffer
125 g Emmentaler Käse in Scheiben
etwas scharfer Paprika (Rosenpaprika).

Die Blattspitzen und die Wurzelenden der Porreestangen abschneiden, dann der Länge nach bis zur Mitte einritzen und gut waschen. Butter oder Margarine in einem passenden Topf zerlassen, die Porreestangen hineinlegen, mit den Gewürzen bestreuen und kurz dünsten. Etwa 1 Tasse Wasser dazugießen, zudecken und etwa 20 Minuten kochen. Dann aus der Brühe heben, trocken auf eine feuerfeste Platte legen, mit den Käsescheiben belegen und überbacken, bis der Käse schmilzt. Dann mit Rosenpaprika bestreut servieren und vielleicht gebratene Fleischwurstscheiben und Kartoffelpüree dazu essen.

Überbackener Broccoli

Mit feinem Kartoffelpüree ein Festessen!

4 Portionen à 215 Kalorien = 903 Joule
2 Pakete tiefgekühlter Broccoli
Salz, 1 Päckchen Helle Soße (für ¼ l), ⅛ l Milch
1 Eßlöffel Butter, 2 Eigelb
⅛ l Weißwein, Muskat
3 Eßlöffel geriebener Käse.

Den unaufgetauten Broccoli und 1 Tasse Salzwasser in einen passenden Topf geben, zudecken und 10 Minuten dünsten. Die Milch aufsetzen, das Soßenpulver hineinrühren und aufkochen. Dann vom Herd ziehen und die Butter darin schmelzen lassen. Eigelb und Weißwein in einem kochenden Wasserbad schlagen, bis ein fester Schaum entstanden ist. Die Helle Soße und 3 bis 4 Eßlöffel Broccolibrühe darunterrühren. Mit Muskat abschmecken und 2 Eßlöffel geriebenen Käse daruntermischen. Den Broccoli in eine feuerfeste Form legen, mit der Soße begießen, mit Käse bestreuen und kurz überbacken.

Rosenkohlgemüse mit gebratenem Käse
Eine preiswerte und gesunde Mahlzeit

4 Portionen à 575 Kalorien
= 2415 Joule

750 g Rosenkohl
500 g Möhren
1 Zwiebel, 2 Eßlöffel Butter
oder Margarine, Salz
Aromat oder Fondor, Muskat
4 Scheiben Edamer Käse à 100 g
Mehl, 3 Eier, Cornflakes.

Den Rosenkohl putzen, die Möhren schälen, waschen und mit einem Buntmesser in Scheiben schneiden. Die Zwiebeln schälen, hacken und in 1 Eßlöffel Butter oder Margarine gelb dünsten. Rosenkohl und Möhren dazugeben und mit Salz, Aromat oder Fondor und Muskat würzen. $^1/_2$ Tasse Wasser dazugießen, zudecken und auf schwacher Hitze dünsten. Die Käsescheiben in Mehl, verquirltem Ei und zerdrückten Cornflakes wenden. Sofort in 1 Eßlöffel erhitztes Fett legen und goldbraun braten. Einige Cornflakes im Bratfett bräunen. 2 hartgekochte Eier würfeln, über den Rosenkohl geben.

Rosenkohl „Vinaigrette" mit Schweinebraten

Gönnen Sie sich dazu ein Glas Rotwein

4 Portionen à 495 Kalorien = 2079 Joule

750 g Rosenkohl
Aromat oder Fondor
6 Eßlöffel Essig
4 Eßlöffel Öl
1 Teelöffel Senf
Salz, Pfeffer, 1 Prise Zucker
2 mittelgroße Zwiebeln
600 g Schweinerollbraten
Salz, gemahlener Kümmel
etwa 2 Likörgläser Rum
Pfeffer, 1 Eßlöffel Öl.

Den Rosenkohl mit $^1/_2$ Tasse Wasser und Aromat oder Fondor etwa 15 Minuten zugedeckt dünsten. Dann gut abtropfen lassen. Essig, Öl, Senf, Pfeffer, Salz und 1 Prise Zucker in eine Salatschüssel geben, den lauwarmen Rosenkohl hineingeben und etwa 1 Stunde durchziehen lassen. Die Zwiebeln schälen, in sehr dünne Scheiben schneiden und zuletzt unter den Rosenkohl mischen. Den Schweinerollbraten mit Salz, Pfeffer, Kümmel, und Rum marinieren, mit Öl bestreichen, bei 200 Grad in den Backofen stellen und ca. 1 Stunde braten. Dann aufschneiden und zu Salat, gegrillten Tomaten und Bratkartoffeln anrichten.

Sellerie Meraner Art
Mit Brot für mittags und abends ein leicht bekömmliches Essen

4 Portionen à 340 Kalorien = 1438 Joule
2 Sellerieknollen
125 g roher Schinken
2 Zwiebeln
125 g Allgäuer Emmentaler
¼ l saure Sahne
1 Eßlöffel Margarine
etwas scharfer Paprika (Rosenpaprika).

Die Sellerieknollen unter kaltem Wasserstrahl sauber abbürsten, mit Salzwasser bedeckt aufsetzen und etwa 1 Stunde kochen (im Schnellkochtopf dauert es nur 20 Minuten!). Inzwischen den Schinken und die geschälten Zwiebeln in kleine Würfel schneiden. Den Käse reiben und mit der Sahne mischen. Die Margarine erhitzen, Zwiebel- und Schinkenwürfel darin andünsten. Den gekochten Sellerie kurz in kaltes Wasser legen, schälen, mit einem Buntmesser in Scheiben schneiden und mit Schinken und Zwiebeln in eine feuerfeste Form geben. Mit der Käse-Sahne übergießen, 20 Minuten bei 225 Grad überbacken, mit Paprika bestäuben.

Grünkohl mit Bauernbratwurst
Eine herzhafte Mahlzeit für kalte Tage

4 Portionen à 580 Kalorien
= 2436 Joule
750 g frischer Grünkohl
4 grüne Paprikaschoten
2 Zwiebeln
1 Eßlöffel Schweineschmalz
oder Pflanzenfett
$1/2$ l Fleischbrühe
Salz, Pfeffer, 1 Prise Zucker
Muskat, 4 Bauernbratwürste
1 bis 2 Eßlöffel feine
Haferflocken.

Den Grünkohl von den Rippen streifen, waschen, mit $1/2$ Tasse Salzwasser (zugedeckt) 5 Minuten kochen, abgießen und grob hacken. Die Paprikaschoten vierteln und entkernen, die Zwiebeln schälen. Beides fein schneiden und im Schweineschmalz gelblich dünsten. Grünkohl, Fleischbrühe und die Gewürze dazugeben und zugedeckt etwa 50 Minuten kochen. Dann die Würste hineinlegen und 10 Minuten weiterkochen. Die Haferflocken hinzufügen und einmal aufkochen. Dazu Kartoffelpüree servieren, das mit 1 Eigelb vermischt, mit Käse bestreut, mit zerlassenem Fett beträufelt und goldbraun überbacken wird.

Ungarisches Sauerkraut
Ein kräftiges Essen für kühle Frühlingstage

4 Portionen à 495 Kalorien
= 2079 Joule

2 Zwiebeln, ½ Knoblauchzehe
1 grüne Paprikaschote
2 Eßlöffel Öl
1 gehäufter Eßlöffel
edelsüßer Paprika
1 Dose Sauerkraut (600 g)
250 g durchwachsener
Räucherspeck
½ l leicht gesalzene Hühnerbrühe
(Würfel!)
1 Löffelspitze Kümmel

Zwiebeln und Knoblauchzehe schälen. Die Zwiebeln in Scheiben hobeln und die Knoblauchzehe zerquetschen. Die Paprikaschote halbieren, entkernen, waschen und in Würfel schneiden. Das Öl in einem passenden Topf erhitzen und die Zwiebelwürfel darin gelb dünsten. Knoblauch, Paprikawürfel und -pulver, Sauerkraut, Speck, Brühe und den Kümmel dazugeben, zudecken und auf schwacher Hitze etwa 40 Minuten kochen. Dann den Speck in Scheiben schneiden und auf dem Sauerkraut anrichten. Dazu Brot, Kartoffelpüree oder Salzkartoffeln servieren, für den Durst ein Gläschen Bier oder roten Landwein.

Gebackene Käsekartoffeln
Mit einem kräftigen Weißwein ein feines Abendessen

4 Portionen à 305 Kalorien = 1281 Joule
4 große Kartoffeln, Salz Pfeffer, 2 Eßlöffel Öl
200 g Allgäuer Emmentaler
4 Eßlöffel frische Sahne
etwa 1 Teelöffel Kümmel.

Die Kartoffeln unter fließendem Wasser schön sauber schrubben und so durchschneiden, daß die Hälften so flach wie möglich sind. Eine feuerfeste Platte mit Öl bestreichen und die Kartoffeln mit der Schnittfläche darauflegen. Mit einem spitzen Messer einritzen, mit Salz und Pfeffer bestreuen und mit etwas Öl betropfen. Bei 200 Grad mitten in den Backofen geben und 40 Minuten backen. Den Käse reiben, mit der Sahne verrühren und auf die Kartoffeln verteilen. Weitere 10 Minuten backen, mit Kümmel bestreuen. Dazu Chicoréesalat servieren, der mit gebratenen Speckstreifen bestreut wird.

Maiskolben mit Butter und Schinken
Süß und saftig und besser als ihr Ruf!

4 Portionen à 540 Kalorien = 2268 Joule
8 frische junge Maiskolben oder 2 Dosen
mit je 4 Maiskolben
Salz, etwa 75 g Butter
8 Scheiben roher Schinken
weißer Pfeffer

Tip: Frische Maiskolben gibt es im August und September. Maiskolben in Dosen oder Gläsern schmecken ebenfalls hervorragend.

Die frischen Maiskolben entblättern, enthaaren, waschen und in so viel kochendes Salzwasser legen, daß die Kolben davon bedeckt sind. 12 Minuten kochen, gut abtropfen lassen und heiß servieren. – Maiskolben aus der Dose mit der Flüssigkeit etwa 8 Minuten erhitzen. Während der Mais kocht, die Butter in dünne Scheiben schneiden und den Schinken anrichten. Bei Tisch die Butter auf den Maiskörnen schmelzen lassen und etwas Pfeffer darübermahlen. Die Maiskolbenhalter am oberen und unteren Ende hineinstechen und die Körner abknabbern. Dazu Schinken und evtl. ein Glas Weißwein genießen.

Brabanter Kartoffeln
Mit Spiegeleiern und Salat eine vollwertige Mahlzeit

4 Portionen à 425 Kalorien
= 1785 Joule

1 kg Salatkartoffeln
1 Teelöffel Kümmel
5 Schalotten oder
2 Zwiebeln
1 Eßlöffel Margarine
1 Bund Petersilie
200 g Gouda-Käse, Salz
Pfeffer, Muskat
1 Zweig oder Teelöffel
Thymian, 1 Eßlöffel Kapern.

Kartoffeln mit Kümmel kochen, kalt abschrecken und schälen. In 1 cm dicke Scheiben schneiden. Schalotten oder Zwiebeln schälen und fein hacken, in Margarine gelb dünsten. Petersilie hacken, Käse fein reiben. In feuerfeste Form eine Schicht Kartoffeln legen, Zwiebeln, Petersilie und Käse daraufstreuen, würzen und die Form lagenweise wie oben angegeben füllen. Thymianzweig und Kapern obenauflegen und das Ganze mit Käse bestreuen. Bei 200 Grad 30 Minuten überbacken. Mit Feld- oder Endiviensalat servieren.

Rosenkohl in Specksoße

Mit Kartoffeln ein schnelles Hauptgericht

4 Portionen à 255 Kalorien
= 1071 Joule

1 kg Rosenkohl
2 Zwiebeln
1 Teelöffel Aromat
oder Fondor, Muskat
gemahlener weißer Pfeffer
Salz, 75 g durchwachsener
Räucherspeck
20 g Mehl.

Rosenkohl putzen – lose Außenblätter entfernen – und waschen. Zwiebeln schälen und fein würfeln. Rosenkohl mit Zwiebeln, Aromat oder Fondor, Muskat, Pfeffer, Salz und $1/4$ l Wasser 20 Minuten dünsten. Speck in Streifen schneiden, im Topf auslassen und knusprig braten. Herausnehmen. Im Speckfett Mehl braun schwitzen, $1/8$ l kaltes Wasser und heiße Rosenkohlbrühe zugießen und 5 Minuten kochen. Rosenkohl unter die Soße mischen, anrichten und mit den rösch gebratenen Speckstreifen bestreuen.

Käsesoufflé mit Schinken und Lauch
Ein Soufflé kann auch pikant sein

4 Portionen à 230 Kalorien
= 966 Joule

6 Lauchstangen, Salz
Pfeffer, $1/8$ l Fleischbrühe
25 g Butter, 15 g Mehl
2 Eier, 50 g geriebenen Käse
Muskat
4 Scheiben gekochten Schinken

Lauch putzen, grüne Blätter entfernen, längs halbieren und gut waschen. In der mit Salz und Pfeffer gewürzten Fleischbrühe 20 Minuten dünsten. Fett zerlassen, Mehl darin 3 Minuten hell schwitzen. Lauchbrühe zugießen, 3 Minuten kochen, von der Kochstelle nehmen. Eigelb unterrühren, Eiweiß zu steifem Schnee schlagen und mit geriebenem Käse locker unter die noch warme Soße heben. Lauch in einer feuerfesten Form anrichten, mit Schinkenscheiben belegen und mit Soufflémasse bedecken. Bei 200 Grad, Gas-Backofen Stufe 3, etwa 25 Minuten backen.

Schwarzwurzel-Pfannkuchen mit Joghurtsoße

Die Soße ist ein delikates bulgarisches Rezept

4 Portionen à 710 Kalorien
= 2982 Joule

1 kg Schwarzwurzeln
$^1/_2$ Tasse heller Essig
1 gehäufter Eßlöffel Mehl
$^3/_4$ l Wasser
1 Zwiebel, 25 g Butter
oder Margarine, Salz, Pfeffer
etwas Aromat oder Fondor
5 Eier, 2 Becher Joghurt
1 gehäufter Teelöffel
Speisestärke
Muskat, 125 g Mehl, $^1/_8$ l Milch
1 Bund Schnittlauch, Bratfett.

Essig, Mehl und Wasser im Kochtopf verquirlen. Schwarzwurzeln gut abbürsten, waschen, die Haut abschaben und schwarze Stellen ausstechen. In 5 cm lange Stücke schneiden, sofort in das Essig-Mehl-Wasser legen. Zwiebel schälen und fein hacken, in Fett gelb dünsten. Schwarzwurzeln mit Gewürzen und 1 Tasse Wasser zugedeckt 45 Minuten dünsten. $^1/_2$ Eiweiß mit Joghurt und Speisestärke unter ständigem Rühren einmal kurz aufkochen. Brühe von den Schwarzwurzeln in die Soße gießen und abschmecken. Schwarzwurzeln darunterheben. Aus Eiern, Mehl, Milch, Muskat, Salz und Schnittlauch Teig bereiten und in dem Fett Pfannkuchen braten.

Kartoffelpuffer

Durch Eizusatz werden Puffer knusprig

4 Portionen à 425 Kalorien = 1785 Joule

**1 kg rohe Kartoffeln
2 Eier, 25 g Mehl
Salz, Pfeffer, Muskat
eventuell 1 Zwiebel
Bratfett (Kokosfett oder Schweineschmalz oder Öl)**

Tip: Wenn Sie Kartoffelpuffer aus Fertigpulver bereiten: Geben Sie 2–3 Eier, 2 rohe, frischgeriebene Kartoffeln
und eine fein gewürfelte Zwiebel oder etwas Zwiebelpulver dazu.

Die Kartoffeln schälen und fein reiben. Sofort mit Eiern und Mehl verrühren. Mit Salz, Pfeffer und Muskat würzen, eventuell auch eine geriebene Zwiebel untermischen. Reichlich Fett in einer flachen Pfanne erhitzen und sehr heiß werden lassen, pro Puffer etwa 2 Eßlöffel Masse in die Pfanne geben, flachdrücken und auf beiden Seiten goldbraun braten. Nebeneinander auf eine heiße Platte legen. (Das restliche Fett eventuell auf Küchenkrepp abtropfen lassen.) Mit Apfelkompott oder Preiselbeeren servieren.

Rosenkohl im Teig

Oder: Wie man Gemüse knusprig bäckt

4 Portionen à 235 Kalorien = 987 Joule

**750 g frischer Rosenkohl
1 Zwiebel, Salz
Pfeffer, Saft 1/2 Zitrone
1/8 l Weißwein, 1 Ei
1/2 Teelöffel Zucker, Öl
4 gehäufte Eßlöffel Mehl
gut 1 kg Backfett oder 1 l Öl.**

Rosenkohl putzen, waschen, abtropfen lassen. Zwiebel schälen, würfeln, mit Rosenkohl in einen Topf geben. 1/2 Tasse Wasser zugeben, salzen, pfeffern und 15 Minuten zugedeckt dünsten. Abgießen, Zitronensaft zugeben und erkalten lassen. Für den Teig: Weißwein, Eigelb, Zucker und Öl mischen. Mehl unterrühren. Eiweiß mit 1 Prise Salz zu steifem Schnee schlagen, unter den Teig heben. Rosenkohl in den Teig tauchen und im 180 Grad heißen Fettbad goldgelb backen. Dazu können Sie nach Wunsch Tomatensoße oder auch Remoulade reichen.

Sellerieklopse
Reis und grüner Salat schmecken gut dazu

4 Portionen à 475 Kalorien = 1995 Joule
1 Sellerieknolle, 1 Zwiebel
2 Eßlöffel Margarine
1 Teelöffel Aromat oder Fondor
3 rohe Bratwürste
1 Ei, 1 Scheibe Weißbrot
1 Prise Muskat
1 Eßlöffel Mehl
1/8 l Sahne oder Milch.

Sellerie schälen, waschen und in 1 cm große Würfel schneiden. Die Zwiebel schälen, würfeln und in 1 Eßlöffel Margarine gelb dünsten. Selleriewürfel, Aromat oder Fondor und 1/4 l Wasser dazugeben, zugedeckt 10 Minuten dünsten. Die Bratwurstfarce mit Ei, eingeweichtem und ausgedrücktem Weißbrot sowie 1 Prise Muskat vermischen und Klößchen daraus formen. Sahne oder Milch zum Sellerie geben, aufkochen, die Klöße hinzufügen und 10 Minuten dünsten. Mehl mit 1 Eßlöffel Margarine verkneten, mit etwas Kochbrühe verrühren und zu den Sellerieklopsen geben. Vorsichtig umrühren, aufkochen und pikant abschmecken.

Tomatengemüse mit Buletten
Im Juli beginnt die Hauptsaison für Tomaten

4 Portionen à 445 Kalorien = 1869 Joule

1 kg feste reife Tomaten
1 grüne Paprikaschote
2 Zwiebeln
1 Knoblauchzehe
3 Eßlöffel Öl, Salz
Pfeffer, Thymian
3 Eßlöffel Tomatenketchup
375 g gemischtes Hackfleisch
1 eingeweichtes Brötchen
1 Ei, 2 Teelöffel Senf
1 Spritzer Weinbrand
1 Eßlöffel Margarine.

Die Tomaten in kochendes Wasser tauchen, abziehen, vierteln und entkernen. Die Paprikaschote vierteln, entkernen, waschen und in Streifen schneiden. Zwiebeln und Knoblauch schälen und fein hacken, in Öl gelb dünsten. Paprikastreifen hinzufügen und fünf Minuten dünsten. Dann die Tomaten hinzufügen, mit Salz, Pfeffer und Thymian würzen und auf ganz schwacher Hitze noch etwa 5 Minuten dünsten. Mit Tomatenketchup abschmecken. Inzwischen Hackfleisch mit Brötchen, Ei, Senf, Weinbrand, Salz und Pfeffer verkneten, zu Buletten formen und in Margarine braun braten. Zum Tomatengemüse reichen, dazu Kartoffelklöße servieren.

Kohlrabi-Gemüse mit Hähnchenbrüsten
Ein leicht bekömmliches Mittag- oder Abendessen

4 Portionen à 210 Kalorien
= 882 Joule

5 junge Kohlrabi
2 Bund junge Möhren
1 kleine Zwiebel
Salz, Aromat oder Fondor
etwas Butter oder Margarine
1 gehäufter Teelöffel Zucker
$^1/_2$ Glas Weißwein
1 Päckchen tiefgekühlte panierte Hähnchenbrüste.

Die Kohlrabi dünn schälen und in Spalten schneiden, die Herzblättchen in Streifen schneiden. Die Möhren schaben und waschen, die Zwiebel schälen und fein hacken. 1 Tasse Wasser mit etwas Salz, Aromat oder Fondor und 1 Teelöffel Butter oder Margarine aufkochen, die Kohlrabi darin 12 Minuten dünsten. 1 Eßlöffel Butter oder Margarine in einem zweiten Topf erhitzen, die Zwiebelwürfel darin goldgelb dünsten. Möhren, Zucker, Weißwein und $^1/_2$ Tasse Wasser dazugeben. Offen dünsten, bis die Möhren weich sind und die Flüssigkeit verdampft ist. Das Gemüse anrichten, dazu Hähnchenbrüste, die – wie auf der Packung empfohlen – gebraten werden.

Subrics mit rohem Schinken
Das sind kleine französische Pfannkuchen mit Spinat

4 Portionen à 435 Kalorien
= 1827 Joule

1 kg junger Spinat, Salz
4 Eier, 2 gehäufte Eßl. Mehl
schwarzer Pfeffer
je 1 Löffelspitze Knoblauch-
und Zwiebelpulver
2 Eßlöffel Butter oder
Margarine
250 g saftiger roher Schinken.

Tip: Eine Variante sind
Spinatpfannkuchen, die Sie
vor dem Backen mit
etwas Reibkäse
und Muskat mischen.

Kleine junge Spinatblätter ganz lassen, große Blätter von den dicken Stielen befreien. Den Spinat je nach Verschmutzung 2- oder 3mal in viel kaltem Wasser waschen. $1/4$ l Wasser mit 1 Teelöffel Salz aufkochen, den Spinat hineingeben, zudecken und zusammenfallen lassen. Dann in ein Sieb schütten und abtropfen lassen. Eier mit Mehl, Salz, gemahlenem Pfeffer, Knoblauch- und Zwiebelpulver verquirlen. Diesen Teig mit den kalten Spinatblättern mischen. Jeweils etwas Butter oder Margarine in einer Pfanne erhitzen, kleine Spinatpfannkuchen darin backen. Und dazu den saftigen Schinken reichen.

Paprikakartoffeln mit Rostbratwürstchen
Gut für einen zünftigen Abend mit Bier vom Faß

4 Portionen à 585 Kalorien
= 2457 Joule
750 g Kartoffeln, Salz
1 Teelöffel Kümmel
2 Zwiebeln
1 Knoblauchzehe
1 grüne Paprikaschote
1 Eßlöffel Butter oder Margarine
1 gehäufter Eßlöffel Paprika edelsüß
$^1/_8$ l Fleischbrühe
16 Nürnberger Rostbratwürstchen.

Die Kartoffeln mit kaltem Wasser bedeckt aufsetzen, je 1 Teelöffel Salz und Kümmel hinzufügen. 20 Minuten kochen, kalt abbrausen, pellen und in Scheiben schneiden. Inzwischen Zwiebeln und Knoblauchzehe schälen und fein hacken, die Paprikaschote vierteln, entkernen, waschen und in kleine Würfel schneiden. Butter oder Margarine erhitzen, Zwiebeln und Knoblauch darin hellbraun braten. Die Paprikawürfel hinzufügen und 5 Minuten braten. Danach Paprika hineinrühren, die Kartoffelscheiben daruntermischen und mit der Fleischbrühe übergießen. Etwas salzen und noch 5 Minuten dünsten. Dazu die gebratenen Würstchen servieren.

Frühkohl mit Möhren und Schweinefleisch
Im Juli ist Frühkohl besonders zart und saftig

4 Portionen à 235 Kalorien = 987 Joule
375 g Schweineschulter
3 Zwiebeln, $^1/_2$ l Fleischbrühe (Würfel), Salz
$^1/_2$ Teelöffel Kümmel
schwarzer Pfeffer
1 Lorbeerblatt
1 Kopf Frühkohl
500 g Möhren
1 gestrichener Eßlöffel Speisestärke.

Zuerst das Fleisch in 3 cm große Würfel schneiden, die Zwiebeln schälen und in Streifen schneiden. Fleisch, Zwiebeln und Fleischbrühe in einen großen Topf geben und mit Salz, Kümmel, Pfeffer und Lorbeerblatt würzen. Aufsetzen und 25 Minuten kochen. Inzwischen den Kohl putzen und in kleine Blättchen schneiden, die Möhren schälen, waschen und in Streifen schneiden. Das Gemüse unter das Fleisch mischen und das Gericht in weiteren 30 Minuten garkochen. Die Speisestärke mit wenig Wasser verquirlen, hineinrühren und einmal aufkochen lassen. Dann zu Brot oder Kartoffeln servieren und als Dessert ein Früchtejoghurt reichen.

Bohnen, Birnen und Speck

Eine norddeutsche Spezialität, die auch woanders schmeckt

4 Portionen à 800 Kalorien
= 3360 Joule

375 g durchwachsener Räucherspeck
750 g grüne Bohnen
1 Zweig Bohnenkraut
500 g Kartoffeln
500 g feste Birnen
2 gestrichene Eßlöffel Mehl
weißer Pfeffer.

Den Speck mit etwa $1/2$ l Wasser aufsetzen und 15 Minuten kochen. Inzwischen die Bohnen putzen, waschen und in etwa 4 cm lange Stücke brechen. Bohnen und Bohnenkraut zum Speck geben und 15 Minuten mitkochen. Die Kartoffeln schälen und in Würfel schneiden. Kleine Birnen waschen und ganz lassen, große Birnen schälen, vierteln und entkernen. Kartoffeln und Birnen zu den Bohnen geben und das Gericht weitere 15 Minuten garen. Das Mehl mit etwas Wasser verquirlen, hineinrühren und kurz kochen. Den Eintopf mit weißem Pfeffer abschmecken und heiß anrichten. Und danach eine Quarkspeise mit frischen Sommerfrüchten servieren.

Türkisches Auberginengericht
Auch für deutsche Feinschmecker ein Genuß

4 Portionen à 390 Kalorien = 1638 Joule

4 große Auberginen
$^1/_3$ Tasse Öl
3 Zwiebeln, 75 g Butter oder Margarine
200 g Kalbs-Hackfleisch
2 Eßlöffel Tomatenmark
Salz, Pfeffer

Die Auberginen waschen und die Hälfte der Haut streifenweise abschälen. Dann in heißem Öl braten, bis sie schön braun und weich sind. Inzwischen Zwiebeln schälen, hacken und in Butter oder Margarine gelb dünsten. Das Fleisch hinzufügen, 3 Minuten braten und dabei mit einer Gabel zerdrücken. 1 Eßlöffel Tomatenmark kurz mitbraten, salzen, pfeffern und 2 oder 3 Eßlöffel Wasser hinzufügen. Die Auberginen längs einschneiden, etwas auseinanderdrücken und mit dem Fleisch füllen. 1 Eßlöffel Tomatenmark mit $^1/_2$ Tasse Wasser verrühren und um die Auberginen geben. Noch 10 Minuten dünsten und dann zu körnig gekochtem Reis servieren.

Serbisches Reisfleisch

Mit Salat, Rotwein oder Bier eine leckere Mahlzeit

4 Portionen à 547 Kalorien
= 2297 Joule

500 g Schweineschulter
3 Zwiebeln, 1 Knoblauchzehe
3 Eßlöffel Öl, Salz, Pfeffer
2 gehäufte Teelöffel Paprika edelsüß
2 Eßlöffel Tomatenmark
4 Tassen Fleischbrühe (Würfel)
2 grüne oder 2 rote Paprikaschoten
1 Stange Porree
2 Tassen Reis
vielleicht etwas saure Sahne und gehackte Petersilie.

Das Fleisch in 3 cm große Würfel schneiden. Zwiebeln und Knoblauch schälen und hacken. Fleisch, Zwiebeln und Knoblauch in 1 Eßlöffel heißem Öl anbraten. Kurz vom Herd nehmen, salzen, pfeffern und mit Paprika verrühren. Tomatenmark und Fleischbrühe hinzufügen und 30 Minuten kochen. Inzwischen Paprikaschoten vierteln, entkernen, waschen und in Streifen schneiden. Porree putzen und in Ringe schneiden. Das Gemüse in 2 Eßlöffel Öl andünsten und mit dem Reis zum Fleisch geben und daruntermischen. Das Reisfleisch noch 25 Minuten garen und dann vielleicht noch saure Sahne und Petersilie dazugeben. Vorweg grünen Salat essen.

Weiße Bohnen in Tomatensoße

Die Bohnen am Abend vorher in ³/₄ l kaltem Wasser weichen lassen

4 Portionen à 300 Kalorien
= 1260 Joule

250 g weiße Bohnen
2 Zwiebeln
1 Knoblauchzehe
2 Eßlöffel Biskin
¹/₂ Tasse Rotwein
1 kleine Dose Tomatenmark
etwas Instant-Bratensoße
Salz, Pfeffer, Majoran

Bohnen im Einweichwasser aufsetzen und in 1¹/₂ Stunden weichkochen. Zwiebeln und Knoblauchzehe schälen, fein hacken und in Biskin goldbraun rösten. Rotwein und Tomatenmark hinzufügen, umrühren und aufkochen. Die gekochten Bohnen und 1 bis 2 Tassen Kochwasser dazugeben und etwas Instant-Bratensoße hineinrühren. Aufkochen, mit Salz, Pfeffer und etwas Majoran (in den Händen fein zerreiben!) abschmecken. Nach Wunsch süß-sauer würzen; dafür 3 bis 4 Eßlöffel Essig und etwas Zucker verwenden. Mit gebratenem Speck und Weißbrot oder mit Bratwürsten servieren.

Süßspeisen

Quarkpfannkuchen mit Apfelkompott
Ein süßes Hauptgericht oder eine Abendmahlzeit

4 Portionen à 330 Kalorien
= 1386 Joule

1 kg Augustäpfel
Saft von 1 Zitrone
1 Stange Vanille, Zucker
3 Eier, Salz
125 g Magerquark
4 gehäufte Eßlöffel Mehl
1 gestrichener Teelöffel Backpulver
etwas fein abgeriebene Zitronenschale
etwa 1 Eßlöffel Butter oder Margarine

Die Äpfel schälen, achteln und dabei entkernen. Etwa $1/2$ Tasse Wasser mit Zitronensaft, aufgeschlitzter Vanillestange und 3 Eßlöffel Zucker aufkochen. Die Äpfel hineingeben und zugedeckt gar ziehen lassen. Für die Pfannkuchen das Eiweiß mit 1 Prise Salz ganz steif schlagen. 2 gehäufte Eßlöffel Zucker einrieseln lassen und weiterschlagen. Eigelb mit Quark, Mehl, Backpulver und Zitronenschale verrühren, auf den Eischnee geben und vorsichtig darunterziehen. Jeweils wenig Fett in einer kunststoffbeschichteten Pfanne zerlassen und 4 Pfannkuchen darin braten. Mit warmem Apfelkompott servieren.

Quarkkeulchen mit Pflaumenkompott
Mit einem Süppchen vorweg ein gutes Mittagessen

4 Portionen à 510 Kalorien
= 2142 Joule

³/₈ l Milch
500 g Magerquark
4 Eier
3 gehäufte Eßlöffel Zucker
1 Paket Kartoffelklöße
halb und halb für
³/₄ l Flüssigkeit
Margarine zum Braten
1 kg Pflaumen
3 gehäufte Eßlöffel Zucker
1 Stück Zitronenschale
2 Teelöffel Speisestärke
1 Eßlöffel Zitronensaft
vielleicht Zimt und Zucker.

Quark mit Milch, Eiern und Zucker glattrühren. Das Pulver für die Kartoffelklöße hineinstreuen und gut verrühren. Den Teig 10 Minuten quellen lassen, dann flache Bällchen daraus formen, die Sie in heißer Margarine schön goldbraun braten. Während der Teig quillt, die Pflaumen waschen, entkernen und mit Zucker, Zitronenschale und ¹/₂ Tasse Wasser etwa 5 Minuten dünsten. Speisestärke mit Zitronensaft verquirlen, zu den Pflaumen rühren und einmal aufkochen. Das Kompott heiß oder kalt zu den Quarkkeulchen reichen, die mit Zimt und Zucker oder Vanillinzucker bestreut werden können.

Böhmische Liwanzen

Das Gebäck schmeckt am besten, wenn es noch lauwarm ist

4 Portionen à 450 Kalorien = 1890 Joule

250 g Mehl, 1 Prise Salz
1/4 l Milch
1 Päckchen Dauerbackhefe
50 g Zucker, 2 Eier
50 g Butterschmalz
Margarine oder Butter zum Backen, Pflaumenmus (mit 1 Glas Rum verrührt)
Zimt und Zucker.

Mehl und Salz in eine Schüssel sieben. Lauwarme Milch, Hefe und 1 Eßlöffel Zucker verrühren und 15 Minuten stehen lassen. Milch, übrigen Zucker, Eigelb und zerlassenes Butterschmalz nacheinander zum Mehl rühren, am besten mit dem Knethaken des Handmixers. Eiweiß steifschlagen und unter den Teig heben, der jetzt bei 50 Grad im offenen Backofen etwa 1/2 Stunde gehen soll. Eine Spiegeleier- oder Knödelpfanne erhitzen, die Vertiefungen einfetten und jeweils 1 bis 1 1/2 Eßlöffel Teig hineingeben. Die Liwanzen von beiden Seiten goldbraun backen, anrichten, mit Pflaumenmus bestreichen und mit Zimt und Zucker bestreuen.

Apfelpfannkuchen

Mit einem klaren Gemüsesüppchen ein willkommenes Essen

4 Portionen à 475 Kalorien
= 1995 Joule

3 Äpfel
1 bis 2 Eßlöffel Zucker
1 gestrichener Teelöffel Zimt
Saft von ½ Zitrone
1 Gläschen Rum
200 g Mehl, 4 Eier
¼ l Wasser oder Milch
1 Prise Salz
1 Eßlöffel Zucker
2 Eßlöffel Margarine.
Tip: Mit Wasser werden die Pfannkuchen schön knusprig!

Die Äpfel schälen, entkernen und in Ringe schneiden. Zucker mit Zimt, Zitronensaft und Rum mischen, die Äpfel darin wenden und 10 Minuten ziehen lassen. Mehl, Eigelb, Milch und Salz gut miteinander verrühren. Eiweiß steifschlagen, 1 Eßlöffel Zucker hinzufügen, kurz weiterschlagen und den festen Schnee unter den Pfannkuchenteig heben. Für jeden Pfannkuchen etwas Margarine in einer Pfanne erhitzen, Pfannkuchenteig hineingeben, Apfelringe dicht aneinander darauflegen und die Pfannkuchen wenden, wenn die Unterseite schön gebräunt ist. Fertigbraten und mit Zimtzucker servieren. Und dazu Kaffee anbieten.

Gefüllte Dampfnudeln
Mittags oder abends mit heißer Vanillesoße servieren

4 Portionen à 520 Kalorien
= 2184 Joule

1 Päckchen tiefgekühlter Hefeteig, 2 Eßlöffel Butter oder Margarine
2 Eßlöffel Zucker
$1/8$ l frische Milch
$1/2$ Glas rote Fruchtmarmelade.

Den Hefeteig wie empfohlen auftauen lassen, auf bemehlter Fläche 2 cm dick ausrollen. Mit einem in Mehl getauchten Glas runde Plätzchen ausstechen und diese auf ein bemehltes Backblech legen. Bei 50 Grad in den Backofen geben und gehen lassen, bis sie doppelt so groß sind. Dann auf jedes Hefeplätzchen 1 Teelöffel rote Marmelade geben und diese ganz in den Teig einhüllen. Eine kunststoffbeschichtete Pfanne auf die Automatikplatte stellen, Stufe 3 (schwach) einschalten. Butter oder Margarine, Zucker und Milch darin erhitzen, die Dampfnudeln hineinsetzen, den Deckel mit geöffneter Lüftungsklappe daraufsetzen. Fertig nach 1 Stunde.

Quarkauflauf mit Äpfeln

Als Vorspeise: Klare Fleischbrühe mit viel Gemüse

4 Portionen à 540 Kalorien
= 2268 Joule

750 g Äpfel, 4 Eier
150 g Zucker
fein abgeriebene Schale
von 1 Zitrone
1 Päckchen Vanillinzucker
500 g Magerquark
125 g Grieß
$^1/_2$ Päckchen Backpulver
Salz, etwas Zitronensaft.

Die Äpfel schälen, vierteln, entkernen und in dünne Spalten schneiden. Eigelb in eine Rührschüssel geben, dazu Zucker, Zitronenschale und Vanillinzucker. Mit dem Schneebesen schön schaumig rühren und dann Quark, Grieß und Backpulver daraufgeben, gut daruntermischen. Eiweiß mit Salz und etwas Zitronensaft ganz steif schlagen und unter die Quarkcreme heben. Mit den Äpfeln in eine gefettete Auflaufform füllen und bei 200 Grad mitten in den Backofen stellen. Nach 35 Minuten prüfen, ob der Auflauf fertig ist. Bleibt an einem hineingesteckten Stäbchen kein Teig mehr hängen, können Sie den heißen Auflauf mit einer Vanillesoße servieren.

Quarkknödel mit Kirschenkompott
Vorweg eine Spinatsuppe – ein gesundes Mittagessen

4 Portionen à 730 Kalorien = 3066 Joule

1 Päckchen Kartoffelklöße halb und halb, ³/₈ l Milch 2 Eier, 2 Eßlöffel Zucker fein abgeriebene Schale von 1 Zitrone, 500 g Hüttenkäse oder Jocca-Frischkäse Salz, 100 g Haselnüsse 2 Eßlöffel Butter oder Margarine, 2 Eßlöffel Zucker 1 Dose Sauerkirschen ohne Stein
1 Teelöffel Speisestärke
1 Teelöffel Zimt.

Das Kloßmehl in eine Rührschüssel geben, dazu Milch, Eier, Zucker, Zitronenschale, Hüttenkäse oder Jocca-Frischkäse. Alles gut miteinander verrühren und 10 Minuten stehen lassen. Dann in nassen Händen walnußgroße Klößchen formen. Reichlich Wasser und etwas Salz aufkochen, die Klößchen hineinlegen und in etwa 10 Minuten gar ziehen lassen. Nicht kochen! Inzwischen die Nüsse fein schneiden und in Butter oder Margarine anrösten. Die Speisestärke mit etwas Kirschsaft verquirlen, zu den erhitzten Kirschen geben und aufkochen. Die fertigen Klöße gut abtropfen lassen, anrichten, mit gerösteten Nüssen, Zimt und Zucker bestreuen.

Birnen-Auflauf

Für Kinder und Schlanke ein ungetrübter (Kalorien-) Genuß

4 Portionen à 450 Kalorien = 1890 Joule

4 reife Birnen, 3 Eier
Saft 1/2 Zitrone
1 Prise Salz
3 gehäufte Eßlöffel Zucker
3 gehäufte Eßlöffel Mehl
50 g geriebene Nüsse
1 gestrichener Teelöffel Backpulver
1 Eßlöffel Butter oder Margarine
1/2 Dose Aprikosen
1/2 Tasse Zucker
Saft 1 Zitrone.

Die Birnen schälen, halbieren und entkernen. Die Eier trennen, das Eiweiß mit Zitronensaft und Salz zu sehr steifem Schnee schlagen, den Zucker unterschlagen und Eigelb, Mehl, Nüsse und Backpulver locker unterheben. Eine flache, feuerfeste Form ausfetten, die Auflaufmasse hineingießen, die Birnen daraufsetzen, mit Zucker bestreuen und bei 200 Grad im Backofen ca. 40 Minuten backen. Den Auflauf heiß servieren und dazu heiße Aprikosensoße reichen, die so gemacht wird: Aprikosen mit dem Saft, Zucker und dem Saft einer Zitrone im Mixer pürieren und einige Minuten kochen lassen.

Vanille-Eiscreme mit heißer Himbeersoße
Ein festliches Dessert für Feiertage

4 Portionen à 335 Kalorien
= 1407 Joule
1 Haushaltspackung
Vanille-Eiscreme
1 Tasse Wasser
2 gehäufte Eßlöffel Zucker
1 Paket tiefgekühlte Himbeeren
Saft von 1 Zitrone und Orange
1 Teelöffel Speisestärke
1 Likörglas Himbeergeist
Kirschwasser oder Weinbrand.

Die Eiscreme mit einem Eisportionierer oder einem in heißes Wasser getauchten Eßlöffel abstechen und in einer Schale anrichten, die vorher im Gefrierfach gekühlt wurde. Dann in den Kühlschrank stellen. Wasser und Zucker 1 bis 2 Minuten kochen, die Himbeeren hineingeben und zugedeckt auftauen lassen. Zitronen- und Orangensaft mit der Speisestärke verquirlen und zu den Himbeeren gießen. Die Soße kurz aufkochen und mit Himbeergeist und Kirschwasser oder Weinbrand verfeinern. In eine Sauciere geben und heiß zu der Eiscreme servieren.

Schokoladen-Eiscreme mit Vanilleschaum
Trinken Sie dazu ein Gläschen Weinbrand!

4 Portionen à 430 Kalorien
= 1806 Joule
1 Haushaltspackung
Schokoladen-Eiscreme
1 Beutel Vanillesoßenpulver
für ½ l, ¼ l Milch
2 Eier
1 Teelöffel Butter
2 gehäufte Eßlöffel Zucker
eventuell 1 bis 2 Eßlöffel Rum
Borkenschokolade.

Das Soßenpulver mit etwas Milch und Eigelb verquirlen. Die übrige Milch mit Butter aufkochen, das Soßenpulver schnell hineinrühren und das Ganze nur einmal aufkochen lassen. Das Eiweiß zu steifem Schnee schlagen und den Zucker dabei zum Schluß einrieseln lassen. Die noch heiße Vanillesoße unter den Eischnee ziehen und die Soße eventuell mit etwas Rum abschmecken. Diese Creme heiß in Gläser füllen, Eiscreme mit einem in heißes Wasser getauchten Eßlöffel abschaben und auf den Vanilleschaum geben. Mit der Schokolade bestreuen.

Warmer Pudding

Für alle, die mittags Appetit auf süße Sachen haben

4 Portionen à 370 Kalorien
= 1554 Joule

3 Eier, 40 g Zucker
50 g Schwarzbrotbrösel
2 Likörgläser Kirschwasser oder Rum
150 g gemahlene Haselnüsse
Zimt, gemahlene Nelken
fein abgeriebene Schale von ½ Zitrone, Salz.

Die Eier sauber trennen, Eigelb und Zucker zusammen weißschaumig rühren. Die Schwarzbrotbrösel in eine Schüssel geben, dazu Kirschwasser oder Rum, Haselnüsse, etwas Zimt, sparsam Nelke und fein abgeriebene Zitronenschale. Alles gut vermischen und nun das Eiweiß mit 1 Prise Salz sehr steif schlagen. Eigelbcreme und die trockene Mischung auf den Eischnee geben und locker darunterheben. Den Teig in eine gefettete Puddingform füllen, nicht mehr als ¾ voll. Mit dem Deckel verschließen, in kochendes Wasser stellen und 45 Minuten kochen. Dann stürzen und mit heißer Soße (Vanille- oder Fruchtsaft) und Kompottfrüchten servieren.

Gedünstete Apfelscheiben mit Schlagsahne
Eine leicht bekömmliche Köstlichkeit

**4 Portionen à 295 Kalorien
= 1239 Joule**

750 g Äpfel (Golden Delicious)
³/₈ **l Weißwein**
2 gehäufte Eßlöffel Zucker
Saft von 1 Zitrone
1 Stück Zimt
¹/₈ **l frische Sahne**
1 Päckchen Vanillinzucker.

Die Äpfel waschen, in 1 cm dicke Scheiben schneiden und das Kerngehäuse mit einem Ausstecher entfernen. Weißwein, Zucker, Zitronensaft und Zimt aufkochen und die Apfelscheiben so hineinlegen, daß sie mit der Flüssigkeit bedeckt sind. Auf schwacher Hitze ziehen lassen, bis die Äpfel fast weich sind – ungefähr 3 bis 4 Minuten. Danach im Topf in kaltes Wasser stellen, bis die Äpfel abgekühlt sind. Im Kühlschrank noch etwa 30 Minuten durchkühlen. Die Sahne kurz vor dem Servieren steifschlagen und mit Vanillinzucker abschmecken, zusammen mit den gedünsteten Apfelscheiben anrichten.

Quarkcreme mit Pfirsichen

Mit Tomaten „Marseiller Art" eine gesunde Mahlzeit

4 Portionen à 265 Kalorien
= 1113 Joule

4 reife Pfirsiche
375 g Magerquark
3 Eßlöffel Puderzucker
Saft von 1 Zitrone
1 Likörglas Orangenlikör
Apricot Brandy oder
Wild Lemon
1/8 l frische Sahne
einige Mandeln und
Florentiner Gebäck zum
Garnieren.

Die Pfirsiche in heißes Wasser tauchen, abziehen, in Spalten schneiden und dabei entkernen. Quark, Puderzucker und Zitronensaft in eine hohe Schüssel geben und mit dem Schneebesen des Handmixers schaumig schlagen. Orangenlikör, Apricot Brandy oder Wild Lemon unter die Quarkcreme ziehen. Die Sahne steifschlagen und darunterheben. Pfirsichspalten und Quarkcreme in 4 hohe Gläser schichten und das Dessert noch etwa 10 Minuten kühlen. Dann mit geschnittenen Mandeln und Florentiner Gebäck schmücken. Und dazu oder hinterher eine Tasse starken, heißen Kaffee trinken.

Mandarinencreme

Ein Dessert für verwöhnte Leckermäuler

4 Portionen à 340 Kalorien
= 1428 Joule
4 Blatt helle Gelatine, 2 Eier
3 gehäufte Eßlöffel Zucker
¹/₈ l Weißwein
¹/₈ l frisch gepreßter
Mandarinensaft
¹/₄ l frische Sahne
2 Likörgläschen Weinbrand
oder Orangenlikör.

Die Gelatine in kaltes Wasser legen, Eigelb und Zucker zusammen weißschaumig rühren. Weißwein und Mandarinensaft aufkochen, zum schaumigen Eigelb rühren, in ein kochendes Wasserbad setzen und 2 Minuten mit dem Schneebesen des Handmixers schaumig schlagen. Die Gelatine ausdrücken und in die heiße Creme rühren. Dann kühl stellen und warten, bis die Creme zu stocken beginnt. 2 Eiweiß ganz steif schlagen und darunterziehen. Die Sahne auch steif schlagen und unter die Creme heben. Zum Schluß Weinbrand oder Orangenlikör in die Creme geben, die dann sofort in 4 schöne Gläser verteilt und noch hübsch garniert wird.

Orangen-Wein-Gelee
Ein Dessert, das Sie schon rechtzeitig zubereiten können

4 Portionen à 260 Kalorien = 1092 Joule

**5 bis 6 saftige und möglichst kernlose Orangen
9 Blatt helle Gelatine
³/₈ l Weißwein, 100 g Zucker
½ Glas Maraschinokirschen.**

Die Orangen mit einem scharfen Messer ganz dick abschälen – bis auf das saftige Fruchtfleisch. Dann in feine Scheiben schneiden und vielleicht vorhandene Kerne entfernen. Die Gelatine 10 Minuten in kaltes Wasser legen. Etwas Wein und den Zucker bis kurz vor dem Aufkochen erhitzen, die ausgedrückte Gelatine darin auflösen. Maraschinosirup und übrigen Wein dazugießen. Die Orangenscheiben mit den Kirschen in eine Glasschale schichten und das Weingelee darübergießen. Fest werden lassen und nach Wunsch mit etwas Schlagsahne servieren.

Erdbeeren in Burgunder
Eine aromatische Köstlichkeit für nette Gäste

4 Portionen à 110 Kalorien = 462 Joule
500 g frische Erdbeeren
4 Teelöffel Puderzucker
1 Flasche roter Burgunder oder roter Sekt.

Die Erdbeeren einzeln am Stiel fassen und kurz durch kaltes Wasser ziehen. Dann vorsichtig entstielen und in 4 Gläser verteilen. Je 1 Teelöffel Puderzucker darüberstreuen, mit Klarsichtfolie zudecken und etwa 1 Stunde kalt stellen. Roten Burgunder oder Sekt gut kühlen. Die Gläser auf ein Tablett stellen und die Erdbeeren mit rotem Burgunder oder Sekt übergießen. Dann sofort servieren und dazu Löffelbiskuits anbieten.

Tip: Sie können die Erdbeeren auch mit gut gekühltem Portwein, Sherry oder Marsala übergießen und zusätzlich noch mit einigen Tropfen Kirschwasser oder Himbeergeist fein würzen.

Birnendessert Alma

Von diesem Dessert werden Ihre Gäste schwärmen

4 Portionen à 445 Kalorien
= 1869 Joule

4 Birnen
3 gehäufte Eßlöffel Zucker
ungespritzte Orangenschale
1 Tasse Wasser
½ Glas Portwein oder Sherry
(evtl. auch Birnengeist,
Kirschwasser, Rum oder
Aprikot Brandy)
2 Eßl. Zucker, 1 Teel. Butter
3 Eßl. Nüsse, ¼ l frische Sahne
1 Päckchen Vanillinzucker.

Zucker mit etwas Orangenschale und Wasser aufkochen. Die Birnen schälen, halbieren, aushöhlen und in Zuckersirup aufkochen. Portwein oder Sherry zugeben und die Birnen zugedeckt kalt werden lassen. Zucker und Butter goldgelb schmelzen, grobgehackte Nüsse zugeben, auf einem leicht geölten Porzellanteller kalt werden lassen und danach mit einem Kartoffelstößel zur Krokantmasse zerdrücken. Sahne steifschlagen, mit Vanillinzucker würzen, in 4 kalte Gläser spritzen, die Birnen mit etwas Krokant füllen, wieder zusammensetzen, mit einem Stiel garnieren und mit dem restlichen Krokant bestreuen.

Birnen auf Vanille-Eiscreme

Statt Birnen auch mit Bananen oder Pfirsichen gut

4 Portionen à 410 Kalorien
= 1722 Joule
4 sehr reife Birnen
Saft einer Zitrone
2 Eßlöffel Zucker
$^1/_3$ Tasse Wasser
1 Familienpackung
Vanille-Eiscreme
4 Eßlöffel
Johannisbeer-Konfitüre
Pistazien oder
gehobelte Mandeln.

Zitronensaft mit Zucker und Wasser aufkochen. Die Birnen schälen, halbieren, entkernen, in den Zuckersirup legen, einmal aufkochen und kalt stellen. Vanille-Eiscreme mit einem Eßlöffel abschaben, in kalten Gläsern anrichten, die abgetropften Birnen drauflegen und mit Johannisbeerkonfitüre garnieren. Mit geschälten, geschnittenen Pistazien oder gehobelten, in einer Pfanne gerösteten Mandeln bestreuen.

Tip: Das Dessert läßt sich noch verfeinern, indem man die Johannisbeerkonfitüre (auch rotes Johannisbeergelee ist geeignet!) mit etwas Fruchtlikör, Kirschwasser, Weinbrand oder Rum mischt.

Orangencreme mit Bananen

Diese Creme können Sie schon am Tag vorher zubereiten

8 Portionen à 210 Kalorien
= 882 Joule

4 Eier
2 gehäufte Eßlöffel Zucker
1 Päckchen Vanillinzucker
4 Blatt helle Gelatine
Saft von einer Zitrone
1/4 l frisch gepreßter Orangensaft
2 oder 3 reife Bananen
1/4 l frische Sahne
2 Likörgläser Rum
(auch Weinbrand, Orangenlikör oder Apricot Brandy), Filets von 2 oder 3 Orangen.

Eigelb, Zucker und Vanillinzucker zusammen schaumig rühren, die Gelatine in kaltes Wasser legen. Zitronen- und Orangensaft bis kurz vor dem Kochen erhitzen und mit der Eigelbcreme verrühren, die jetzt in kochendes Wasser gestellt und 5 Minuten geschlagen wird. Die Gelatine ausdrücken, hineinrühren und die Creme nun kalt stellen, bis sie zu stocken beginnt. Inzwischen die Bananen mit einer Gabel fein zerquetschen, Sahne und vielleicht noch 2 Eiweiß steif schlagen. Diese Zutaten und den Rum unter die stockende Creme ziehen, die gleich darauf mit Orangenfilets in Gläsern verteilt wird. Noch kurz kalt stellen und servieren.

Haselnußcreme

Ein besonderer Genuß, wenn die Nüsse noch ganz frisch sind

6 Portionen à 320 Kalorien = 1344 Joule

**100 g Haselnußkerne
1 Teelöffel Pulverkaffee oder 2 bis 3 Teelöffel Kaba oder Nesquik, 250 g Quark
3 bis 4 Eßlöffel Zucker
1/4 l frische Sahne
1 Päckchen sahnesteif oder 2 Teelöffel san-apart
1 Likörglas Kirschwasser, Rum oder Weinbrand.**

Die Nüsse sehr fein hacken oder besser durch eine Mandelmühle drehen. Dann mit Pulverkaffee oder Kaba (Nesquik) mischen und mit Quark und Zucker gut verrühren. Die Sahne am besten mit dem Schneebesen des Handmixers halbsteif schlagen, sahnesteif oder san-apart hineinstreuen und weiterschlagen, bis die Sahne ganz steif ist. Die Sahne unter die Nußcreme ziehen, die nun noch mit Kirschwasser, Rum oder Weinbrand abgeschmeckt wird. Danach locker in eine Glasschale einfüllen und bis zum Verzehr kühl stellen. Damit bitte nicht mehr lange warten und dazu feines Gebäck und Kaffee oder heiße Schokolade servieren.

Himbeerkaltschale
Ein Sommersüppchen, das nach „mehr" schmeckt

4 Portionen à 170 Kalorien = 714 Joule

750 g frische Himbeeren
¼ l Weißwein
½ l Wasser
4 gehäufte Eßlöffel Zucker
3 gestrichene Eßlöffel Speisestärke
Saft von 2 Zitronen.

Zuerst Weißwein, Wasser und Zucker zusammen aufkochen, die Speisestärke mit wenig Wasser verquirlen, dazurühren und einmal aufwallen lassen. Den Topf ohne Deckel in ein kaltes Wasserbad stellen und den Inhalt so abkühlen lassen. Inzwischen die Himbeeren ganz kurz in kaltem Wasser waschen, etwas abtropfen lassen, sorgfältig verlesen und im Mixer pürieren. Das Himbeerpüree und den Zitronensaft in die Weinsuppe rühren. Zugedeckt in den Kühlschrank stellen und gut kalt werden lassen. Dann anrichten und dabei vielleicht noch ein paar zurückgelassene Früchte hineinstreuen. Wer mag, knabbert dazu knusprige Zwieback.

Pfirsich-Eisbecher

Als Dessert und kleiner Imbiß immer willkommen!

4 Portionen à 465 Kalorien = 1953 Joule
½ **Dose Pfirsichspalten oder 500 g frische Pfirsiche (in Zuckerwasser gegart!)**
1 **Likörglas Aprikosenlikör oder anderer Fruchtlikör**
⅛ **l frische Sahne**
25 **geriebene Mandeln**
1 **Päckchen Vanillinzucker**
1 **Haushaltspackung Erdbeer-Eiscreme.**

Die Pfirsichspalten in ein Sieb schütten, den Saft auffangen und später vielleicht mit Mineralwasser gemischt als Erfrischungsgetränk servieren. Die abgetropften Fruchtstückchen in eine Schüssel geben, mit Aprikosenlikör oder einem anderen Fruchtlikör übergießen, zudecken und im Kühlschrank gut durchziehen lassen. Die Sahne steifschlagen, geriebene Mandeln und Vanillinzucker darunterheben. Früchte, Schlagsahne und Erdbeereiscreme in 4 Gläser verteilen und dabei die Eiscreme mit einem in heißes Wasser getauchten Löffel abstechen. Den Eisbecher nach Wunsch mit knusprigem Gebäck schmücken. Vor einer Tasse Kaffee genießen.

Kirsch-Eisbecher

Ein Dessert für alle, die es mit „Schuß" mögen

4 Portionen à 400 Kalorien
= 1680 Joule
500 g frische süße Kirschen
3 Eßlöffel Zucker
½ Stange Zimt
2 bis 3 Eßlöffel
Johannisbeergelee
1 Likörglas Kirschwasser,
Weinbrand oder Rum
1 Haushaltspackung
Vanilleeiscreme
Schokoladenspäne
oder -streusel.

Die Kirschen waschen, abtropfen lassen und entsteinen. Mit Zucker und Zimt in eine kleine Kasserolle geben und bei schwacher Hitze zum Kochen bringen, 2 bis 3 Minuten im geschlossenen Topf ziehen lassen und dann das Johannisbeergelee darin verrühren und auflösen. Den Topf in ein kaltes Wasserbad stellen und die Kirschen so abkühlen. Danach mit Kirschwasser, Weinbrand oder Rum würzen. Kirschen und Vanilleeiscreme in 4 Gläser verteilen und die Eiscreme dabei mit einem in heißes Wasser getauchten Eßlöffel abstechen. Das Dessert mit Schokoladenspäne oder -streuseln garnieren.

Melonenkaltschale

Sommerlich und erfrischend, Vorspeise oder Dessert

4 Portionen à 190 Kalorien
= 798 Joule

1 bis 2 Melonen
(1 kg-Netz Honig- oder Wassermelonen)
½ l Rotwein
2 Eßlöffel Sago
4 bis 5 Eßlöffel Zucker
Saft von 2 Zitronen
1 kleine Flasche Mineralwasser

Zuerst Rotwein, Sago und Zucker zusammen aufkochen, 10 Minuten ziehen lassen und dann kalt stellen. Nun die Melonen halbieren, entkernen und so viele Kügelchen ausstechen, bis 2 Tassen davon gefüllt sind. Das übrige Fruchtfleisch am besten mit dem Passierstab des Handmixers durch ein Sieb streichen oder im Mixer pürieren. Melonenpüree, Zitronensaft und Mineralwasser in die abgekühlte Weinsuppe rühren, die Melonenkügelchen hinzufügen. Die Melonenkaltschale abschmecken und in hübschen Glasschälchen oder tiefen Tellern anrichten.

Pfirsich „Melba"
Mit Himbeerkonfitüre etwas für Süßmäuler
Himbeerkonfitüre
Insges. 6985 Kalorien = 29340 Joule
3 Pfund frische Himbeeren, 3¼ Pfund Zucker, 5 g kristallisierte Zitronensäure, 1 Normalflasche Opekta.
Die Früchte kurz waschen, abtropfen, verlesen. Die Hälfte im Mixer pürieren, mit den übrigen Früchten und Zucker über Nacht durchziehen lassen. Danach mit Zitronensäure unter Rühren aufkochen, 10 Minuten kochen, Opekta hinzufügen und 5 Sekunden weiterkochen. In Gläser füllen und verschließen.

Pfirsich „Melba"
4 Port. à 230 Kalorien = 966 Joule
4 Eßlöffel Himbeerkonfitüre, ½ Dose Pfirsichhälften und 1 Haushaltspackung Vanilleeiscreme.
Die Himbeerkonfitüre mit so viel Pfirsichsaft verrühren, daß sie dickflüssig wird. Die Pfirsichhälften abtropfen lassen, mit Kugeln aus Vanilleeiscreme in eiskalte Gläser schichten und mit der Himbeersoße übergießen. Mit knusprigem Gebäck schmücken und danach sofort zu Tisch geben.

Goosebeery-Fool
Mit Waffelgebäck servieren

Stachelbeerkonfitüre:
Insges. 5910 Kalorien = 24822 Joule
2³/₄ Pfund Stachelbeeren, 1 Päckchen Gelfix, 3 Pfund Zucker.
Die Stachelbeeren von Stiel und Blüte befreien, waschen. Die Hälfte durch den Fleischwolf geben, mit den übrigen, etwas zerdrückten Früchten und Gelfix unter Rühren aufkochen. Den Zucker hineinrühren, wieder aufkochen und genau 1 Min. sprudelnd kochen. Den Topf vom Herd nehmen und die Konfitüre noch 5 Min. rühren. In Gläser füllen, mit Cellophan verschließen.

Goosebeery-Fool:
4 Port. à 350 Kalorien = 1470 Joule
¹/₄ l frische Schlagsahne, ¹/₂ Glas Stachelbeerkonfitüre, Waffelgebäck.
Die gut gekühlte Sahne steifschlagen und vielleicht mit „sahnesteif" oder „san-apart" (Verwendung laut Gebrauchsanweisung!) festigen. Die Stachelbeerkonfitüre glattrühren, locker unter die Sahne heben und das Dessert in Glasschälchen anrichten. Danach vielleicht eine Tasse Kaffee reichen und eventuell dazu ein Gläschen Weinbrand anbieten.

Ananas „Surprise"
Von Dezember bis April ist Saison für frische Ananas

4 Portionen à 375 Kalorien = 1575 Joule
1 frische Ananas
½ Glas Kirsch-Konfitüre
1 Likörglas Rum
1 Haushaltspackung Eiscreme (Vanille, Erdbeer oder Kirsch), 3 Eiweiß
1 Prise Salz, 75 g Zucker
etwas Puderzucker.

Die Ananas längs durchschneiden, Fruchtfleisch herausschälen, die Schalen in den Kühlschrank legen. Das Fruchtfleisch in feine Streifen schneiden und dabei alles Harte wegschneiden. Die Ananasstreifen mit der Konfitüre verrühren, mit Rum abschmecken und in einen Glaskrug geben. Die Ananashälften mit Eiscreme füllen und 1 Stunde ins Tiefkühlfach legen. Das Eiweiß mit Salz steif schlagen, Zucker hinzufügen und kurz weiterschlagen. Den Eischnee auf die gefüllten Ananas häufen, die Eiscreme dabei ganz umhüllen, mit Puderzucker bestäuben und bei 250 Grad goldgelb überbacken. Sofort servieren.

Kuchen
Torten
Kleingebäck

Tomaten-Pizza
Für Gäste vorher backen und später kurz aufbacken!

4 Portionen à 775 Kalorien = 3255 Joule

Teig: 400 g gesiebtes Mehl
1 Eßlöffel geschmeidiges Pflanzenfett oder Schweineschmalz, 1 gestrichenen Teelöffel Salz, $^1/_2$ Teelöffel Zucker, 1 dl lauwarmes Wasser 25 g Hefe. –
Belag: 3 Zwiebeln
50 g durchwachsener Räucherspeck, 1 kg Tomaten
250 g grob geriebenen Gouda oder Edamer, Salz, schwarzer Pfeffer, 1 Teelöffel Oregano
1 Eßlöffel gehackte Petersilie.

Mehl mit Fett, Salz und Zucker mischen. Die Hefe im Wasser auflösen, mit dem Mehlgemisch verrühren, zudecken und 2 Stunden gehen lassen. Mit bemehlten Händen vier 30 cm große Fladen formen. Auf bemehlte Backbleche legen. Zwiebeln und Speck in feine Streifen schneiden und goldgelb dünsten. Tomaten in kochendes Wasser tauchen, abziehen und in Scheiben schneiden. Die Teigfladen mit der Hälfte des Käses bestreuen, mit Tomaten belegen, Zwiebeln und Speck daraufgeben und mit Salz, Pfeffer, Oregano, Käse und Petersilie bestreuen. Bei 275 Grad auf der Unterschiene 15 Minuten backen.

Neapolitanische Pizza
Ein herzhafter Imbiß für Partygäste

4 Portionen à 115 Kalorien = 483 Joule

Teig: 400 g Mehl, 1 Teelöffel Salz, 20 g Hefe, schwach $^1/_4$ l lauwarmes Wasser, 3 bis 4 Eßlöffel Öl. –
Belag: 3 Zwiebeln 3 Knoblauchzehen, $^1/_3$ Tasse Öl $^1/_1$ Dose geschälte Tomaten 2 kleine Dosen Tomatenmark (etwa 140 g), 1 Teelöffel Basilikum, 1 Teelöffel Oregano $^1/_2$ Teelöffel Zucker, 1 Prise Salz schwarzer Pfeffer, 2 grüne Paprikaschoten (in Streifen geschnitten!), 8 Scheiben Salami 250 g grob geriebener Gouda oder Edamer.

Die Hefe im Wasser auflösen und mit Mehl, Salz und Öl glattkneten. Mit Mehl bestäuben, zudecken und 2 Stunden gehen lassen. 4 runde Fladen ausrollen (etwa 30 cm) und auf ein bemehltes Blech legen. Zwiebel und Knoblauch schälen, fein hacken und in Öl hellgelb dünsten. Tomaten, Tomatenmark, Basilikum, Oregano, Zucker, Salz und Pfeffer dazugeben, etwa 45 Minuten leise kochen und dabei mehrmals umrühren. Abgekühlt auf die Teigfladen verteilen. Paprikastreifen, Salamischeiben und Käse daraufgeben und mit etwas Öl beträufeln. Bei 250 Grad auf der Unterschiene 15 Minuten backen.

Schinkenhörnchen

Sehr lecker zu einem kühlen Bier

Pro Stück ca. 175 Kalorien = 735 Joule

1 Paket tiefgekühlter Blätterteig
125 g roher Schinken
1 Zwiebel
1 Teelöffel Butter oder Margarine, etwas Pfeffer
1 Eßlöffel geriebener Käse
1 Eigelb
1 Eßlöffel Dosenmilch oder Sahne.

Den Blätterteig wie empfohlen auftauen lassen. Schinken und geschälte Zwiebel fein würfeln, Schinken in Butter oder Margarine kurz dünsten, die Zwiebeln zugeben und gelblich dünsten. Kalt werden lassen und dann Pfeffer, vielleicht gehackte Petersilie und Käse daruntermischen. Den Blätterteig rechteckig (20 cm breit) ausrollen, längs durchschneiden und quer Dreiecke daraus schneiden. Je $^1/_2$ Teelöffel Füllung daraufgeben und am Rand mit verquirltem Eigelb und Sahne bestreichen. Zu Hörnchen aufrollen und auf ein mit Wasser benetztes Backblech legen. Bei 225 Grad etwa 20 Minuten backen.

Käse-Blätterteig-Kuchen
Reste in kunststoffbeschichteter Pfanne aufbacken

Pro Stück ca. 380 Kalorien = 1596 Joule
1 Paket tiefgekühlter Blätterteig
250 g Emmentaler Käse
3 Zwiebeln
250 g gekochten Schinken in Scheiben
1 Eßlöffel Butter oder Margarine
1 Becher Joghurt, 2 Eier
1 gehäufter Teelöffel Speisestärke
etwas scharfer Paprika
1/4 Dose Champignons.

Den Blätterteig wie empfohlen auftauen lassen. Den Käse fein reiben und die geschälten Zwiebeln in Würfel schneiden. Das Schinkenfett abschneiden, fein würfeln, mit Butter oder Margarine auslassen und die Zwiebeln darin goldgelb dünsten. Joghurt mit Eiern, Speisestärke, Paprika und Käse vermischen. Den Teig ausrollen und eine mit Wasser benetzte runde Kuchenform damit auslegen. Den Rand gut andrücken und den Boden mehrmals einstechen. Die Schinkenscheiben darauflegen und mit der Käsemasse bestreichen. Zwiebeln und Champignons darauf verteilen, bei 225 Grad 20 Minuten backen.

Schlosserbuben

Warm als süßes Hauptgericht servieren

4 Portionen à 525 Kalorien = 2205 Joule
250 g große getrocknete Pflaumen (etwa 25 Stück)
Schale $^1/_2$ Zitrone
40 g Mandeln, $^1/_8$ l Bier
100 g Mehl, 1 Ei
1 Prise Salz
1 gehäufter Eßlöffel Zucker
Backfett
50 g Halbbitter-Schokolade
1 gehäufter Teelöffel Zucker.

Pflaumen mit Zitronenschale in $^1/_2$ l Wasser 40 Minuten kochen, abgießen und entkernen. In jede Pflaume 1 geschälte Mandel stecken, Bier und Mehl schnell verrühren. Eigelb, Salz und Zucker zugeben. Das Eiweiß zu steifem Schnee schlagen, unterheben. Backfett auf 180 Grad erhitzen. Pflaumen in Bierteig tauchen, in Fett ausbacken und auf Küchenkrepp abtropfen lassen. Geriebene Schokolade mit Zucker mischen und die abgetropften Schlosserbuben darin wälzen.

Erdbeertörtchen

Für die Mutti an ihrem Ehrentag!

Pro Törtchen ca. 320 Kalorien = 1344 Joule

Zutaten für 6 Törtchen:
50 g gemahlene Mandeln
50 g Butter oder Margarine
50 g Zucker, 125 g Mehl
1 Ei, 3 Eßlöffel Milch
250 g frische Erdbeeren
1/4 l frische Sahne
1 Beutel ‚sahnesteif‘ oder
2 gehäufte Teelöffel ‚san-apart‘
etwas Puderzucker.

Mandeln, Butter oder Margarine, Zucker, Mehl, Ei und Milch schnell zu einem glatten Teig kneten. 1 bis 2 Stunden kalt stellen, danach dünn ausrollen und Tortenförmchen damit auslegen. Die Teigböden mehrmals mit einer Gabel einstechen und die Förmchen mit getrockneten Erbsen füllen. (So bleibt die Form erhalten.) Die Törtchen in den Backofen geben und bei 200 Grad 12 bis 15 Minuten backen. (Die Erbsen können immer wieder verwendet werden.) Die Erdbeeren kurz waschen und putzen, die Sahne mit ‚sahnesteif‘ oder ‚san-apart‘ steifschlagen. Die Törtchen mit Sahne füllen, mit Erdbeeren belegen und mit etwas Puderzucker überstäuben.

Johannisbeer-Windbeutel
Delikat für die Kaffeestunde am Wochenende

4 Portionen à 330 Kalorien = 1386 Joule
1/8 l Milch, 25 g Margarine
1 Prise Salz, 75 g Mehl
2 Eier
375 frische rote Johannisbeeren
2 Eßlöffel Zucker
1/8 l frische Sahne.

Milch, Margarine und Salz aufkochen, das gesiebte Mehl hineinschütten und mit dem Holzlöffel rühren, bis sich der Teig als Kloß vom Boden löst. 1 Ei sofort hineinmischen, das zweite in den ausgekühlten Teig. Ein Backblech mit Wasser benetzen, kleine Teighäufchen (6 Stück) daraufspritzen. Bei 220 Grad unten in den Backofen schieben, 30 Minuten backen, noch 5 Minuten bei offener Tür darinlassen. Auf dem Kuchengitter mit einer Schere aufschneiden. Die Johannisbeeren waschen, abstreifen und einzuckern, die Sahne steifschlagen. Die Windbeutel mit Sahne und Johannisbeeren füllen.

Windbeutel mit Vanillecreme
Lecker als Dessert und für die Kaffeestunde

4 Portionen à 500 Kalorien
= 2100 Joule

**40 g Butter oder Margarine
etwas Salz, 80 g Mehl
2 Eier, 2 Eigelb
30 g Mehl, 75 g Zucker
$^1/_4$ l Milch
$^1/_2$ Tafel Schokolade halbbitter.**

Butter oder Margarine, Salz und $^1/_8$ l Wasser aufkochen. Das Mehl hineinschütten und rühren, bis sich ein Kloß vom Topfboden löst. Schnell 1 Ei hineinrühren, 10 Minuten abkühlen lassen, das zweite Ei dazurühren, den Teig in einen Spritzbeutel füllen und walnußgroße Häufchen auf ein gefettetes Backblech spritzen. Bei 225 Grad 25 Minuten backen und abkühlen lassen. 2 Eigelb mit Mehl, Zucker und 3 Eßlöffel Milch verquirlen. Die übrige Milch aufkochen, die verquirlten Zutaten hineinrühren und einmal aufwallen lassen. Kalt in die aufgeschnittenen Windbeutel füllen und mit (auf schwacher Hitze!) zerlassener Schokolade übergießen.

Osterbrötchen

Am Vortag backen, zum Frühstück kurz aufbacken

25 Stück à 145 Kalorien = 609 Joule

500 g Mehl, 1 Päckchen Hefe knapp ¼ l lauwarme Milch 75 g Zucker, 2 Eier 125 g Butter oder Margarine ½ Teel. Salz, 1 Teel. Zimt etwas Kardamom 150 g Sultaninen und Korinthen 1 Eigelb (mit etwas Milch verquirlt) 2 Eßlöffel Hagelzucker.

Mehl in eine Schüssel geben und warm stellen. Hefe, 5 Eßlöffel Milch und 1 Teelöffel Zucker verrühren, zudecken und 15 Minuten stehen lassen. Hefemilch, übrige Milch, Zucker, Eier, 50 g weiches Fett, Salz, Zimt und Kardamom zum Mehl geben und den Teig mit den Knethaken des Handmixers ganz glatt rühren. Zudecken, 1 Stunde gehen lassen. Das übrige Fett in Würfel schneiden, ins Gefrierfach geben. Mit den gewaschenen Sultaninen oder Korinthen unter den Teig kneten. Tomatengroße Häufchen auf ein gefettetes Backblech setzen, die Brötchen gehen lassen, mit Eigelb bestreichen, mit Hagelzucker bestreuen und bei 200 Grad 30 Minuten backen.

Gewürztörtchen

Ein feines Gebäck für die Teestunde

12 Stück à 290 Kalorien
= 1218 Joule
175 g Butter oder Margarine
175 g Zucker, 3 Eier
150 g Mehl, 1 gestr.
Teelöffel Backpulver
100 g gemahlene Mandeln
1 Fläschchen
Bittermandel-Aroma
2 gestrichene Teelöffel Zimt
$^1/_2$ gestrichener Teelöffel
gemahlene Nelken
abgeriebene Schale von
1 Zitrone.

Butter oder Margarine und Zucker gut schaumig rühren, die Eier einzeln dazugeben. Das Mehl mit Backpulver sieben und zusammen mit den Mandeln löffelweise unter die Buttercreme rühren. Dann Bittermandelaroma, Zimt, Nelken und Zitronenschale daruntermischen und den Teig in kleine gefettete und mit Mehl bestäubte Förmchen geben. Bei 175 Grad in den Backofen geben und etwa 30 Minuten backen. Mit einem Hölzchen prüfen, ob die Törtchen durchgebakken sind. Dann stürzen und vielleicht noch mit Rumglasur bepinseln, die Sie aus Puderzucker, etwas lauwarmem Wasser und Rum oder Weinbrand zusammengerührt haben.

Blätterteigtörtchen „Osterei"

Sind schnell fertig und schmecken mit und ohne Sahne!

12 Stück à 160 Kalorien = 672 Joule
1 Päckchen tiefgekühlter Blätterteig, 1 große Dose Aprikosen oder andere Kompottfrüchte
125 g Marzipan
1 Eßlöffel Puderzucker
1 Eiweiß
etwas Aprikosenkonfitüre.

Den Blätterteig wie auf dem Päckchen empfohlen in etwa 3 Stunden auftauen lassen. Aprikosen oder andere Kompottfrüchte in ein Sieb schütten und gut abtropfen lassen. Marzipan mit Puderzucker und Eiweiß gut verrühren. Den aufgetauten Blätterteig $1/2$ cm dick ausrollen und eiförmige Plätzchen davon ausschneiden, je etwa 10 cm lang. Ein Backblech mit Wasser befeuchten, die Plätzchen darauflegen und mit der Marzipancreme bestreichen. Aprikosen oder andere Früchte darauflegen. Den Backofen auf 225 Grad vorheizen, das Gebäck hineingeben und etwa 18 Minuten backen. Noch heiß mit erwärmter Aprikosenkonfitüre bestreichen.

Zwetschgenkuchen

Einmal anders: mit Trocken-Zwetschgen

16 Stück à 355 Kalorien
= 1491 Joule

500 g große getrocknete Zwetschgen oder Pflaumen
¹/₄ l Rotwein, 1 Zimtstange
1 gehäufter Eßlöffel Zucker
1 Päckchen Vanillinzucker
100 g Mandeln
100 g Margarine
100 g Zucker, 2 Eier
4 Eßlöffel Milch, 250 g Mehl
1 Beutel gehobelte Mandeln.

Zwetschgen oder Pflaumen 2 Stunden in kaltem Wasser einweichen, danach entsteinen. Rotwein, Zimtstange, Zucker und Vanillinzucker mit Zwetschgen 30 Minuten langsam kochen, abgießen, Saft dick einkochen. Mandeln schälen und fein reiben. Margarine und Zucker schaumig rühren. Eier und Milch nach und nach untermischen. Mehl und geriebene Mandeln unterkneten. Teig 1 Stunde kalt legen, danach ausrollen, ein rechteckiges Kuchenblech damit belegen, mit Gabel einstechen und mit den gut abgetropften Zwetschgen belegen. Mit gehobelten Mandeln bestreuen. Bei 200 Grad 35 Minuten backen. Sofort mit Zwetschgensirup beträufeln.

Französischer Apfelkuchen
Einfacher, als das Rezept vermuten läßt

12 Stück à 270 Kalorien = 1134 Joule

**75 g Margarine, 75 g Zucker
1 Päckchen Vanillinzucker
1 Ei, 1 Prise Salz
200 g Mehl, 1 1/2 kg Äpfel
50 g Butter, 100 g Zucker.**

Margarine, Zucker, Vanillinzucker, Ei und Salz schaumig rühren. Das Mehl schnell unterkneten und den Teig 1 Stunde kalt stellen. Äpfel schälen, vierteln und entkernen. Butter in rundes Kuchenblech (Ø 29 cm) geben, auf Kochplatte stellen, aufschäumen lassen, vom Herd nehmen. Zucker einstreuen, Äpfel einlegen. Im vorgeheizten Backofen bei 180 Grad 20 Minuten backen. Backofen auf 220 Grad stellen. Runde Teigplatte auf die Äpfel decken, noch 20 Minuten backen. Die letzten 10 Minuten mit Alufolie abdekken. Blech 10 Minuten auf nasses Tuch stellen, kurz in den Backofen zurück, dann läßt sich der Kuchen leicht stürzen. Wird warm serviert.

Englischer Cake

Für die Teestunde am Sonntagnachmittag

20 Stück à 315 Kalorien
= 1323 Joule

75 g Korinthen, 75 g Orangeat
75 g Zitronat, 75 g Haselnüsse
75 g kandierte Kirschen
75 g getrocknete Aprikosen
2 Eßlöffel Rum, 50 g Mehl
250 g Butter oder Margarine
250 g Puderzucker, 4 Eier
250 g Mehl, 50 g Speisestärke
1 gestrichener Teelöffel
Backpulver.

Korinthen, Orangeat, Zitronat, grobgehackte Haselnüsse, in Scheiben geschnittene Kirschen und in 1 cm große Würfel geschnittene Aprikosen mit Rum vermischen und mit 50 g Mehl bestäuben. Butter oder Margarine mit Puderzucker schaumig rühren und die Eier dabei einzeln hinzufügen. 250 g Mehl mit Speisestärke und Backpulver mischen und zum Teig rühren. Die Trockenfrüchte locker darunterheben und den Teig in eine ausgefettete, mit Mehl bestäubte Kastenform füllen. Bei 175 Grad in den Backofen stellen und 70 bis 75 Minuten backen.

Mandeltorte „Osterhase"
Verlockung für Auge und Gaumen

16 Stück à 380 Kalorien = 1596 Joule
1 dreiteiliger Biskuit-Tortenboden
1/2 Glas Johannisbeerkonfitüre
2 Likörgläser Weinbrand
200 g Mandeln, 1/2 l frische Sahne
2 Päckchen ‚sahnesteif' oder
4 Teelöffel ‚san-apart'
2 gehäufte Teelöffel Puderzucker
bunte Ostereier und Korinthen.

Johannisbeerkonfitüre mit Weinbrand verrühren und auf die zwei unteren Tortenböden streichen. Die Torte zusammensetzen. 150 g Mandeln kurz in kochendes Wasser geben, kalt abbrausen, abziehen und fein mahlen. Die Sahne halbsteif schlagen, ‚sahnesteif' oder ‚san-apart' hinzufügen, weiterschlagen, bis die Sahne ganz steif ist. Dann Puderzucker und Mandeln daruntermischen und die Torte damit bestreichen. Die übrige Sahne in Tupfen auf Tortenrand und -mitte spritzen. Mit Korinthen und halbierten Mandeln so garnieren, daß die Sahnetupfen wie Osterhasengesichter aussehen. Auf die Mitte eine Handvoll bunte Zucker-Ostereier geben.

Osterroulade
Ohne Ostereier jederzeit ein Festtagskuchen

12 Stück à 325 Kalorien = 1365 Joule
4 Eier, 4 Eßlöffel kaltes Wasser
1 Prise Salz, 1 Teelöffel Zitronensaft
175 g Zucker, 50 g Kakao
50 g Speisestärke, 75 g Mehl
1½ gestrichene Teelöffel Backpulver, ½ l frische Sahne
2 Tütchen „sahnesteif"
4 gehäufte Eßlöffel Puderzucker
½ Paket Marzipan
250 g rote Marmelade.

Eiweiß, Wasser, Salz und Zitronensaft steifschlagen, Zucker unterschlagen und die Eigelb locker untermischen. Kakao, Speisestärke, Mehl und Backpulver sieben und darunterheben. Auf gefettetes Pergamentpapier streichen und bei 225 Grad 12 Minuten backen. Auf ein Tuch stürzen und das Papier abziehen und in ein Tuch einrollen. Die Sahne schlagen und dabei ‚sahnesteif' hinzufügen, zuletzt den Puderzucker. Die aufgerollte Teigplatte mit Marzipan, Marmelade und ²/₃ Sahne bestreichen. Mit Hilfe des Tuchs aufrollen, mit der restlichen Sahne bestreichen und mit Marzipaneiern garnieren.

Frankfurter Kranz

Für den großen Appetit nach einem Spaziergang

16 Stück à 670 Kalorien
= 2814 Joule

150 g Margarine, 150 g Zucker
4 Eier, 175 g Mehl
75 g Speisestärke
3 gestrichene Teelöffel
Backpulver, 250 g Butter
1 Päckchen Tortencremepulver
½ l Milch, 1 Likörglas Rum
1 Eßlöffel Butter, 4 gehäufte
Eßlöffel Zucker
75 g Mandelsplitter.

Margarine und Zucker rühren und die Eier dabei einzeln hinzufügen. Mehl mit Speisestärke und Backpulver mischen und löffelweise darunterrühren. Den Teig in eine gefettete Kranzform geben und bei 175 Grad 45 bis 50 Minuten backen. Aus 250 g Butter, Tortencremepulver und Milch wie empfohlen eine Creme zubereiten, Rum hinzufügen. 1 Eßlöffel Butter und Zucker erhitzen und dabei rühren, bis die Masse goldgelb ist. Die Mandeln darin goldbraun rösten, auf eine eingeölte Platte geben, erkalten lassen und zerkrümeln. Den Kuchen waagrecht in 2 Teile schneiden, mit der Tortencreme füllen und bestreichen, mit Mandelkrokant bestreuen.

Marmorkuchen

Mandeln und Zimt sind das Besondere daran

16 Stück à 410 Kalorien
= 1722 Joule

225 g Butter oder Margarine
450 g Zucker
1 Päckchen Vanillinzucker
5 bis 6 Eier, 450 g Mehl
1 Päckchen Backpulver
50 g gemahlene Mandeln
knapp $^1/_8$ l Milch
3 gehäufte Eßlöffel Kakao
2 gehäufte Eßlöffel Zucker
1 Löffelspitze Zimt
3 bis 4 Eßlöffel Milch.

Butter oder Margarine, Zucker und Vanillinzucker gut schaumig rühren, die Eier dabei einzeln hinzufügen. Das Mehl mit Backpulver und Mandeln mischen und löffelweise unter die Buttercreme rühren. Dann die Milch nach und nach dazugeben. $^2/_3$ des Teiges in eine ausgefettete Napfkuchenform füllen und den restlichen Teig mit Kakao, Zucker, Zimt und 3 bis 4 Eßlöffel Milch verrühren. Auf den hellen Kuchenteig geben und mit einer Gabel leicht darunterrühren. Den Kuchen bei 175 Grad in den Backofen stellen und backen, bis an einem hineingesteckten Hölzchen kein Teig mehr hängenbleibt. Das dauert etwa 50 bis 60 Minuten.

Gefüllter Bienenstich
Hefekuchen immer ganz frisch essen!

16 Stück à 360 Kalorien
= 1512 Joule

1 Paket tiefgekühlter Hefeteig
100 g Butterfett
150 g geschälte, gehackte Mandeln
150 g Zucker, ½ l Milch
100 g Zucker, 1 Prise Salz
1 Päckchen Vanillepuddingpulver
3 Eier, 125 g Butter
2 Eßlöffel Rum.

Den aufgetauten Teig gut durchkneten, rund ausrollen, in eine Springform legen und gehenlassen. Butterfett, Mandeln, Zucker und 2 Eßlöffel Milch aufkochen und lauwarm auf den Teig streichen. Noch etwas gehenlassen und dann bei 200 Grad etwa 25 Minuten backen. Puddingpulver, wenig Milch und Eigelb verrühren. Milch, Zucker und Salz aufkochen, das Puddingpulver hineinrühren und einmal aufkochen, sofort steifen Eischnee unterschlagen. Butter schaumig rühren und die kalte Puddingcreme mit Rum löffelweise hinzufügen. Den abgekühlten Bienenstich durchschneiden und füllen.

Käsekuchen mit Streuseln
Das wird Ihr bester Streuselkuchen!

20 Stück à 310 Kalorien = 1302 Joule

Zutaten: 250 g Mehl, 15 g Hefe knapp ⅛ l lauwarme Milch 40 g zerlassene Margarine 1 gehäufter Eßlöffel Zucker 1 Prise Salz, 2 Eier 150 g Margarine, 125 g Zucker 1 Päckchen Vanillinzucker Schale und Saft von 1 Zitrone 750 g Magerquark, 2 gestrichene Eßlöffel Speisestärke 125 g zerlassene Butter 200 g Mehl, 125 g Zucker ½ Teelöffel gemahlener Zimt.

Mehl sieben, Hefe mit Milch verrührt in die Mitte gießen, verrühren, mit Mehl bestäuben, zudecken und ½ Stunde gehenlassen. Margarine, Zucker und Salz zugeben und den Teig glattkneten. Auf einem Kuchenblech, 35x25 cm breit, ausrollen und bei 50 Grad im etwas offenen Backofen gehenlassen. Eier, Margarine, Zucker und Vanillinzucker schaumig rühren. Zitronenschale und -saft, Quark und Speisestärke hineinrühren. Aus Butter, Mehl, Zucker und Zimt Streusel machen. Die Käsecreme auf den Teig streichen und mit Streuseln bestreuen. Bei 200 Grad 35–45 Minuten backen.

Rosenkuchen

In Ostfriesland als Schneckenkuchen geschätzt

12 Stück à 420 Kalorien
= 1764 Joule

325 g Mehl, 20 g Hefe knapp 1/8 l lauwarme Milch 50 g Zucker, 1 Prise Salz 75 g zerlassene Butter oder Margarine, 1 Ei.
Füllung: 175 g grobgehackte Haselnüsse, 50 g eingeweichte Sultaninen, feinabgeriebene Schale von 1 Zitrone, 1 Päckchen Vanillinzucker, 75 g Zucker, 1 Ei, 2 Eßlöffel Rum zum Bestreichen: Aprikosenmarmelade.

Mehl in eine Schüssel sieben. Hefe, mit Milch verrührt, in die Mitte gießen, verrühren. Mit Mehl bestäuben und zugedeckt gehenlassen, bis die Hefe rissig ist. Zucker, Salz, Fett und Ei dazugeben und rühren, bis der Teig glatt ist. Dann ausrollen, in 3 cm breite Streifen schneiden, mit Füllung (Zutaten einfach mischen!) bestreichen, aufrollen und in eine gefettete Springform setzen. Bei 50 Grad im etwas geöffneten Backofen 30 Minuten gehenlassen, bei 200 Grad 30 Minuten backen. Abkühlen lassen und mit erwärmter Aprikosenmarmelade bepinseln oder mit Puderzuckerglasur bestreichen.

Allerlei Weihnachtsgebäck
aus einem Grundteig mit 5 Abwandlungen

45 Stück à 50 Kalorien = 210 Joule

Grundteig: 80 g Butter 200 g Zucker, 2 Päckchen Vanillinzucker
1 Ei, 1 Prise Salz
1 Eßlöffel süße Sahne
200 g Mehl, 1 Teelöffel Backpulver.
Zubereitung: Butter, Zucker und Vanille schaumig rühren, Ei, Salz und Sahne zugeben, mit Backpulver und gesiebtem Mehl verrühren. Plätzchen bei 175 Grad 10 Minuten backen.

Vanilleplätzchen: Teig löffelweise auf gefettetes Blech setzen. Für *Kaffeeplätzchen:* 1 Teelöffel Pulverkaffee zum Teig geben, mit Kaffeebohnen garnieren. *Kokosplätzchen:* 75 g Kokosraspeln unter den Teig mischen. *Schoko-Aprikosen-Plätzchen:* Teig mit 10 g Kakao und $1/2$ Teelöffel Zimt zu Kugeln formen, mit dem Finger eindrücken, backen, dann mit Aprikosenmarmelade füllen. *Schoko-Sesam-Plätzchen:* 10 g Kakao und je 50 g geriebene Schokolade und Nüsse mitrühren. Kugeln formen, in Sesam rollen, backen. *Cornflakesplätzchen:* Dem Teig 50 g Korinthen und 3 Eßlöffel Cornflakes beigeben. Auf gefettetes Blech oder – noch besser – auf runde Oblaten setzen.

Knabbergebäck für die Feiertage
Marzipanmakrönchen
Insges. 3190 Kalorien = 13334 Joule
500 g Marzipan, 3 Eiweiß, 200 g Puderzucker
1 Eßlöffel Rum oder Rosenwasser.

Marzipan verrühren, Eiweiß nach und nach hinzufügen, dann Puderzucker und Rum oder Rosenwasser darunterrühren. Den Teig in einen Spritzbeutel füllen und kleine Häufchen auf ein mit Pergament belegtes Backblech spritzen. Bei 170 Grad etwa 18 Minuten backen. Abkühlen lassen und füllen oder garnieren.

Gebrannte Zimtmandeln
Insges.: 3426 Kalorien = 14320 Joule
375 g Mandeln, 250 g Zucker
$1/8$ l Rosenwasser, 2 gestrichene Teelöffel Zimt.

Die ungeschälten Mandeln in den warmen Backofen geben und ganz trocken werden lassen. Zucker mit Rosenwasser und Zimt 3 Minuten kochen, die Mandeln hineingeben, 1 Minute kochen und dabei umrühren. Dann auf eine große Porzellanplatte geben, erkalten lassen und in mundgerechte Stücke brechen.

Für die weihnachtliche Kaffeestunde

Herzoginplätzchen

90 Plätzchen à 30 Kalorien = 126 Joule

125 g Haselnüsse, 50 g Mandeln, 1 Löffelspitze Zimt, 4 Eiweiß, 1 Prise Salz, 150 g Zucker 3 gestrichene Eßlöffel Mehl, 50 g Butter 1 Tafel Halbbitter-Schokolade

Gemahlene Nüsse und Mandeln mit Zimt mischen. Eiweiß mit Salz steif schlagen, dabei den Zucker dazugeben. Nüsse, Mehl und zerlassene Butter daruntermischen. Häufchen auf ein gefettetes Backblech setzen, bei 170 Grad hellgelb backen. Die Schokolade zerlassen, die kalten Plätzchen damit zusammensetzen.

Schokoladenkugeln

100 Kugeln à 30 Kalorien = 126 Joule

200 g Mandeln, 200 g Kuvertüre 100 g Puderzucker, 2 frische Eigelb 1 Likörgläschen Rum.

Die Mandeln ungeschält durch die Mandelmühle drehen, die Kuvertüre auch. Beides mit Puderzucker, Eigelb und Rum mischen und glattkneten. Etwa 2 cm große Bällchen daraus rollen und diese nachher in Kokosraspeln, Schokoladenstreuseln oder Kakao wälzen. Und die Kugeln zum Adventskaffee reichen.

Weiße Nürnberger Lebkuchen
Süße Spezialität zum Weihnachtsfest

20 Stück à 130 Kalorien
= 546 Joule

350 g ungeschälte Mandeln
1 gestrichener Teelöffel
Zimt, 1 Prise Muskat, 1 Löffelspitze gemahlene Nelken
50 g Zitronat und Orangeat
gemischt, 4 Eiweiß, 1 Prise
Salz, 250 g Puderzucker, runde
Backoblaten (∅ 9 cm).
Glasur: 50 g Puderzucker
1 Eßlöffel heißes Wasser
einige Tropfen Zitronensaft.

Mandeln fein reiben, Zimt, Muskat, Nelken und feingehacktes Zitronat und Orangeat untermischen. Eiweiß ohne Eigelbspuren in fettfreier Schüssel mit einer Prise Salz zu steifem Schnee schlagen. Zucker 5 Minuten mit Handrührgerät gut unterschlagen. Mandel-Gewürz-Mischung unterheben. Die Masse auf Backoblaten hügelförmig aufstreichen (in der Mitte etwa 2 cm hoch), auf Bleche setzen und über Nacht trocknen lassen. Danach im Elektro-Backofen bei 150 Grad, Gas-Backofen Stufe 1, etwa 40 Min. backen. Glasur bereiten, Lebkuchen damit bepinseln. Mit Mandeln oder kandierten Früchten garnieren.

Gebäck für den bunten Teller

Zimtsterne

55 Stück à 80 Kalorien = 336 Joule

3 Eiweiß, 1 Prise Salz, 375 g Puderzucker, Saft von ¼ Zitrone, 400 g ungeschälte Mandeln
1 Beutel Zimtpulver, ½ Teelöffel Kardamom
1 Messerspitze Hirschhornsalz.

Eiweiß mit Salz zu steifem Schnee schlagen, dann Puderzucker 2 Minuten unterschlagen. ⅓ der Menge für Glasur abnehmen, Rest mit Zitronensaft mischen. Gemahlene Mandeln, Gewürze und Triebmittel unterkneten, Teig 1 cm dick ausrollen, Sterne ausstechen, mit Glasur bepinseln. Auf gefettetes Blech legen und 25 Minuten bei 140 Grad backen.

Lebkuchenherzen

45 Stück à 55 Kalorien = 231 Joule

225 g Mehl, 100 g Haselnüsse, ½ Päckchen Backpulver, 50 g Honig, 1 Teelöffel Butter
2 Teelöffel Lebkuchengewürz, 1 Ei, 1 Eigelb
125 g Zucker.

Mehl und Backpulver sieben, mit gemahlenen Nüssen mischen. Honig, Fett und Gewürze im Wasserbad erhitzen und kalt stellen. Ei, Eigelb und Zucker schaumig rühren, die Honigmasse und Mehlmischung darunterkneten. Den Teig auf bemehltem Tisch 1 cm dick ausrollen, Herzen ausstechen. Auf gefettetem Blech bei 180° ca. 15 Minuten backen.

Badener Kräbeli
40 Stück à 45 Kalorien = 189 Joule
250 g Mehl, 200 g Zucker, 2 Eier
1 Beutel Anis, 1 Löffelspitze Hirschhornsalz.

Zucker und Eier 15 Min. weißschaumig rühren. Anis und Triebmittel unter erwärmtes Mehl mischen, mit der Ei-Zucker-Masse verkneten. Auf gemehlter Platte zu fingerdicken Rollen formen, in 5 cm lange Stücke, viermal seitlich geschlitzt, teilen. Hufeisenförmig biegen und auf gefettetes Blech setzen. In der Küche über Nacht trocknen. Nach 25 Minuten Backzeit (140 Grad) zeigt das Gebäck die typische Füßchenform.

Anisplätzchen
70 Stück à 20 Kalorien = 84 Joule
250 g Mehl, 4 Eier à 50 g, 250 g Zucker
1 Beutel Anis, 1 Löffelspitze Hirschhornsalz.

Mehl sieben, bei 50 Grad im offenen Ofen vorwärmen. Zucker und Eier 15 Min. schaumig rühren. Anis und Triebmittel unter das Mehl mischen, mit der Ei-Zucker-Masse verkneten. Blech fetten, mehlen und den Teig mit einem Spritzbeutel zu Plätzchen von etwa 3 cm Durchmesser aufspritzen. Über Nacht in warmem Raum trocknen lassen. Am nächsten Tag bei 140 Grad etwa 25 Minuten backen.

Rumstreifen
Herzhaftes Gebäck für die Feiertage

80 Stück à 80 Kalorien
= 336 Joule

Teig: 375 g Mehl, 180 g Margarine, 1 Ei, 1 Eigelb 100 g Zucker, 1 Päckchen Vanillinzucker.
Füllung: 250 g Mandeln, 100 g Sultaninen, 100 g Zucker 50 g Weizenkeime, 50 g Honig 3 Likörgläser Rum
Saft von 2 Zitronen.
Guß: 75 g Puderzucker
1 Likörglas Rum.

Alle Teigzutaten außer Mehl verrühren, gesiebtes Mehl untermischen, ca. 1 Stunde kalt stellen. Zur Füllung Mandeln mahlen, Sultaninen heiß waschen und mit den restlichen Füllungszutaten mischen. Den fertigen Teig zu 2 Platten ausrollen. Die eine auf ein gefettetes Blech legen und mit der Füllung bestreichen, dabei 3 cm Teigrand freilassen. Die zweite Platte darüberlegen, Oberfläche mit Gabel einstechen, Ränder gut festdrücken und 20 Minuten bei 250 Grad backen. Für den Guß Puderzucker und Rum verrühren und auf den noch warmen Teig streichen. Nach Erkalten das Gebäck in Streifen schneiden. Vorher das Messer in heißes Wasser tauchen.

Mandelbögen
Knuspriges für die Kaffeestunde

25 Stück à 125 Kalorien = 525 Joule

250 g Mandeln, 300 g Puderzucker, je 1 Löffelspitze Kardamom, Nelkenpulver und gemahlener Ingwer, 2 Eiweiß, Rechteck-Backoblaten 50 g Kuvertüre (Kochschokolade)

Mandeln fein reiben, mit Puderzucker, Gewürzen und Eiweiß zu festem Teig kneten. Auf Streuzucker Teig $1/2$ cm dick ausrollen. Mit Wasser bestreichen und Oblaten daraufdrücken. Teigplatte wenden, so daß die Oblaten unten liegen. In $1 1/2$ cm breite Streifen schneiden. Ring- oder Rehrückenform auf Backblech stellen und Teigstreifen darüberlegen. Im Elektro-Backofen bei 150 Grad, Gas-Backofen Stufe 1, ca. 20 Minuten backen. Abgekühlt mit den Enden in zerlassene Kuvertüre tauchen.

Tip: Für Mandelstangen Masse $1/2$ cm dick auf die Oblaten streichen, in Streifen schneiden, backen.

Getränke

Zwei Drinks mit Cola
Herrlich eisgekühlt und richtig aufmunternd!

Pro Glas ca. 220 Kalorien = 924 Joule
Erdbeer-Drink
3 oder 4 Kugeln Erdbeereiscreme in ein hohes Becherglas geben, dazu den Saft von ¼ Zitrone. Eventuell noch ½ Scheibe Ananas aus der Dose und einige Maraschinokirschen hinzufügen. Vorsichtig, weil es dabei stark schäumt, mit ganz kaltem Cola auffüllen. Mit langem Löffel servieren und gleich genießen.

Pro Glas ca. 165 Kalorien = 693 Joule
Vermouth-Drink
1 oder 2 Likörgläser Vermouth Dry in ein hohes Becherglas geben. Den Saft von ½ Zitrone durch ein Sieb hinzufügen und 2 bis 3 Eiswürfel in das Glas legen. Das Getränk mit kaltem Cola auffüllen und eine Orangenscheibe auf den Rand stecken. Und ein anderes Mal statt Vermouth einen guten Rum nehmen.

Gemixt mit Orangensaftgetränk
Fürs Plauderstündchen auf der Terrasse

Pro Glas ca. 210 Kalorien = 882 Joule
Eiscreme-Drink
Zuerst 2 oder 3 Kugeln Vanilleeiscreme in ein hohes Becherglas geben, dazu 2 bis 3 Eßlöffel gezuckerte Johannisbeeren oder Himbeeren. Mit kaltem Orangensaftgetränk (Cappy) auffüllen und nach Wunsch noch mit etwas Orangenlikör oder Rum verfeinern. Dann sofort mit einem langen Barlöffel servieren.

Pro Glas ca. 185 Kalorien = 777 Joule
Gin-Orange
1 bis 2 Likörgläser Gin in ein hohes Glas geben. Den Saft von $1/4$ Zitrone und 3 oder 4 Eiswürfel hinzufügen und das Getränk mit Orangensaftgetränk (Cappy) auffüllen. Den Gin ganz nach Wunsch auch durch Wodka oder Whisky ersetzen. Gin-Orange mit einer halben Orangenscheibe auf dem Glasrand servieren.

Red Velvet
„Samtweicher" Drink

Pro Glas ca. 145 Kalorien = 609 Joule

Pro Glas in einen Shaker je 1 Likörglas Kirschlikör, Kirschwasser und Vermouth rosso sowie 2–3 Eiswürfel geben. Schütteln und in eine Sektschale gießen. Mit 1 Maraschinokirsche servieren.

Cherry Blossom
Cocktail mit fruchtiger Süße

Pro Glas ca. 115 Kalorien = 483 Joule

Pro Glas in einen Shaker je 1 Likörglas Orangensaft, Kirschlikör und Weinbrand sowie 2–3 Eiswürfel geben. Kräftig schütteln und dann in eine Sektschale gießen. Mit einer Maraschinokirsche servieren.

„Black Pear"
Vitaminreicher Drink

Pro Glas ca. 130 Kalorien = 546 Joule
375 g schwarze Johannisbeeren
375 g reife Birnen, 1 gehäufter Eßlöffel
Puderzucker, ½ Teelöffel Ingwerpulver
2 Gläser Mineralwasser, 1 Eiweiß, 1 Prise Salz
1 Eßlöffel Zucker.

Johannisbeeren von den Stielen zupfen, die Birnen von Stiel und Blüte befreien und beides im Mixer pürieren. Durchseihen, mit Zucker und Ingwerpulver abschmecken, in 4 Gläser geben. Eiweiß mit einer Prise Salz steif schlagen, mit Zucker mischen und auf den Drink geben.

„Red Apple"
Mit etwas Zimt überstäubt

Pro Glas ca. 125 Kalorien = 525 Joule
750 g rote Johannisbeeren
1 gehäufter Eßlöffel Trauben- oder Puderzucker
2 Gläser Apfelsaft
3 Likörgläser weißer Rum
4 Eiswürfel, etwas Zimt.

Die Beeren waschen, von den Stielen streifen, entsaften oder im Mixer pürieren und mit dem Passierstab des Handmixers durch ein Sieb drücken. Den Saft mit Zucker, Apfelsaft und Rum mischen und in 4 Gläser verteilen. Die Eiswürfel hineingeben, etwas Zimt darüberstäuben.

Hot Scotch

Dieser Drink läßt keinen kalt

In ein Grogglas 1 gehäuften Teelöffel Zucker geben, 2 Eßlöffel heißes Wasser zugießen, gut verrühren, bis sich der Zucker aufgelöst hat. 2 Likörgläser schottischen Whisky und 1 Zitronenscheibe zufügen und mit kochendem Wasser auffüllen (dabei einen Silberlöffel ins Glas stellen, damit es nicht zerspringt).

Pro Glas ca. 130 Kalorien = 546 Joule

Jamaica-Boy

Das Richtige zum „Einheizen", wenn's draußen friert

In ein Grogglas Saft ½ Zitrone, 2 Likörgläser Rum und 1 gehäuften Teelöffel Zucker geben, gut verrühren, bis sich der Zucker aufgelöst hat. 2 Nelken und 1 kleines Stück Zimtstange zugeben und mit kochendem Wasser auffüllen (einen Silberlöffel ins Glas stellen, damit es nicht zerspringt).

Pro Glas ca. 170 Kalorien = 714 Joule

Hot Kiss

Wärmendes, würziges Rotwein-Getränk für kalte Wintertage

Pro Glas ca. 300 Kalorien = 1260 Joule

Pro Glas ¹/₈ l Rotwein, 2 Likörgläser Rum, 3 Stücke Würfel- oder Kandiszucker, 1 ungeschälten Apfelschnitz mit 3 Nelken besteckt in einem Topf erhitzen. Nicht kochen lassen! In ein Glas mit Silberlöffel (damit das Glas nicht zerspringt) gießen.

Chinatown

Heißer Punsch mit würzigem Aroma des China-Martini

Pro Glas ca. 160 Kalorien = 672 Joule

Pro Glas ¹/₈ l frisch gepreßten Orangensaft, 1 kleines Stück Zimtstange und 2–3 Likörgläser China-Martini im Topf erwärmen. Nicht kochen lassen! In ein Glas mit Silberlöffel (damit das Glas nicht zerspringt) gießen. Mit Orangenspirale garnieren.

Erdbeerbowle

Am besten schmeckt sie mit frischen Walderdbeeren!

20 Gläser à 110 Kalorien = 462 Joule

1 kg frische Erdbeeren
1 Orange, 150 g Zucker
2 l Rotwein, $^1/_2$ l Mineralwasser.

Die Erdbeeren ganz schnell und sehr vorsichtig waschen. Dann verlesen, entstielen und in eine Bowle geben. Die Orange gründlich waschen, in Scheiben schneiden und dazugeben. Die Früchte mit dem Zucker bestreuen und mit 1 l Rotwein übergießen. So 1 Stunde kalt stellen und dann den übrigen Rotwein und das Mineralwasser hinzufügen.

Tip: Sie können die eingezuckerten Früchte auch mit 1 oder 2 Weingläsern Orangenlikör oder Maraschino übergießen und so 1 Stunde kalt stellen. Dann erst mit dem gesamten Rotwein (gut ist leichter deutscher Rotwein!) und Mineralwasser übergießen und sofort servieren.

Gurkenbowle

Ein erfrischendes Getränk für einen ganzen Abend

18 Gläser à 125 Kalorien
= 525 Joule

1 Salatgurke, 1 Zitrone
2 Orangen, 2 Eßlöffel Zucker
2 l Weißwein, 1 Flasche Sekt
eventuell etwas Orangenlikör.

Die Salatgurke gut waschen und in Scheiben schneiden; dabei ein etwa 4 cm langes Stück zurücklassen. Zitrone und Orangen auch gut waschen und in Scheiben schneiden. Zusammen mit den Gurkenscheiben, dem Zucker und 1 Flasche Wein etwa 1 Stunde kalt stellen. Dann durch ein feines Sieb (die Früchte sind jetzt ausgelaugt!) in eine Bowle geben. Den übrigen Wein hinzufügen und die Bowle mit eiskaltem Sekt auffüllen. Nach Wunsch noch mit etwas Orangenlikör abschmecken. Das zurückgelegte Stück Gurke mit einer Gabel einritzen, in Scheiben schneiden und an die Glasränder stecken.

Spanische Rotweinbowle

„Sangria" ist der Name für dieses erfrischende Getränk

8 Gläser à 140 Kalorien
= 588 Joule

1 Zitrone, 2 Orangen, 1 Apfel
1 Banane, 2 gehäufte Eßlöffel Zucker, 4 Nelken
1 Stange Zimt
2 Likörgläser Weinbrand
1 l spanischer Rotwein
Eiswürfel, 1/2 Flasche Mineralwasser.

Die Zitrone dünn so schälen, daß die Schale eine lange Spirale ist. Die Orangen gründlich waschen, abtrocknen, in Scheiben schneiden und entkernen. Den Apfel in feine Spalten schneiden, schälen und entkernen. Zitronenschale, Orangenscheiben, Apfelspalten und Bananenscheiben in einen großen Glaskrug geben, mit Zucker bestreuen. Nelken, Zimt, Weinbrand und Rotwein hinzufügen. 1 Stunde kalt stellen, dann die Eiswürfel hineinschütten, umrühren und die Bowle mit eiskaltem Mineralwasser auffüllen.

Tip: Sie können für dieses Bowlenrezept auch einen anderen kräftigen Rotwein verwenden.

Sommerzeit – Bowlenzeit
Himbeerbowle

18 Gläser à 185 Kalorien
= 777 Joule

750 g Himbeeren
1 Päckchen Vanillinzucker
100 g Zucker
¹/₂ Weinglas Grand Marnier
1 Stück ungespritzte
Orangenschale
2 Liter Weißwein
1 Flasche Sekt Rosé.

Die Beeren sauber verlesen, nicht waschen. In Bowlengefäß geben, Vanillinzucker, Zucker, Grand Marnier und Orangenschale zugeben. Zugedeckt 2 Stunden kalt stellen. Danach Orangenschale entfernen, gut gekühlten Weißwein zugießen, verrühren. Zuletzt mit Sekt auffüllen.

Tip: Schöne, nicht zerdrückte Früchte verwenden. Auch mit einem Schuß Himbeergeist kann aromatisiert werden. Schmücken Sie das Bowlengefäß mit grünen Blättern und Blüten. Das wirkt festlich und erhöht Stimmung und Genuß.

Brombeerbowle

Süffiges für laue Sommernächte

18 Gläser à 160 Kalorien
= 672 Joule

750 g frische Brombeeren
6 Eßlöffel Zucker
1 Weinglas Rum oder Kirschwasser
1 Weinglas Orangenlikör
2 Flaschen Weißwein
1 Flasche Mineralwasser oder
1 Flasche Sekt, 1 Zitrone.

Die Brombeeren sorgfältig verlesen, kurz waschen und in einem Sieb gut abtropfen lassen. In ein Bowlengefäß schütten und mit dem Zucker überstreuen. Rum oder Kirschwasser und Orangenlikör darübergeben und etwa 2 Stunden kalt stellen. Gleichzeitig Weißwein und Mineralwasser oder Sekt vorkühlen. Danach die Bowle mit dem Wein und Mineralwasser oder Sekt auffüllen und erst kurz vor dem Servieren die in dünne Scheiben geschnittene (ungespritzte!) Zitrone dazugeben. Mit Löffeln servieren.

Kalorien auf einen Blick

Fleisch, je 100 g   Kalorien   Joule

	Kalorien	Joule
Kalbsfilet	105	440
Kalbsschulter	140	585
Kalbsschnitzel	108	450
Schweinskeule	362	1515
Schweinekotelett	358	1498
Schweinehaxe	207	866
Schweineleber	144	648
Schweinenieren	132	552
Rumpsteak	254	1063
Rinderroulade (Bug)	151	632
Rinderkeule	205	860
Rindfleisch (Hochrippe)	297	1243
Hackfleisch, gemischt	316	1320

Fisch, je 100 g

	Kalorien	Joule
Kabeljau	44	185
Goldbarsch	155	480
Seezunge	65	270
Forelle	52	215

Geflügel, Schinken, Wurst, je 100 g

	Kalorien	Joule
Brathuhn	144	648
Poularde	200	837
Schinken, gekocht	282	1180
Räucherspeck	605	2532
Wiener Würstchen	264	1105
Bratwurst	345	1445

Gemüse, Salat, je 100 g

	Kalorien	Joule
Artischocken	60	251
Blumenkohl	28	115
Chicorée	16	67
Feldsalat	14	60
Gurke	10	40
Gourgette	11	46
Kartoffeln	85	355
Kohlrabi	14	60
Kopfsalat	15	60
Möhren	35	145
Paprika	28	115
Porree	38	160
Rotkohl	26	108
Sellerie	38	160
Spargel	20	85

	Kalorien	Joule
Tomaten	19	80
Weißkohl	26	108
Zwiebeln	45	188

Obst, je 100 g

	Kalorien	Joule
Ananas, Dose	95	395
Äpfel	52	215
Bananen	90	375
Birnen	59	246
Erdbeeren	39	165
Himbeeren	40	165
Pfirsich	46	192

Milch, Milchprodukte, Eier

	Kalorien	Joule
⅛ l Trinkmilch	76	320
⅛ l Sahne, süß	377	1578
⅛ l Sahne, sauer	158	661
100 g Emmentaler (45% Fett i. Tr.)	417	1745
100 g Quark (10% Fett i. Tr.)	106	445
20 g Parmesan (1 geh. Eßlöffel)	80	334
1 Ei	84	350
1 Eigelb	68	285
1 Eiweiß	16	67

Brot, Fett

	Kalorien	Joule
1 Scheibe Toast (30 g)	78	325
1 Brötchen	126	525
1 Scheibe Graubrot (45 g)	110	470
1 Scheibe Vollkornbrot (45 g)	110	470
1 Scheibe Knäckebrot (8–10 g)	35	145
1 Eßlöffel Butter	150	627
1 Eßlöffel Margarine	152	636
1 Eßlöffel Öl (15 g)	92	385
1 Eßlöffel Salatmayonnaise (50% Fett i. Tr.)	75	315

Nährmittel, je 100 g

	Kalorien	Joule
Haferflocken	402	1682
Eierteigwaren	390	1635
Grieß	370	1548
Reis	368	1540
Mehl	368	1540
Mehl (1 Eßlöffel)	37	154
Zucker	395	1655
Zucker (1 Eßlöffel)	60	250

KitchenAid

Das Profi-System
Universal - Küchenmaschine

Wenn das, was **Sie** kochen und backen schon so gut schmeckt wie das, was **Profis** kochen u. backen, dann sollten **Sie** eigentlich auch keine Amateurgeräte mehr verwenden – oder?

HOBART

ANTWORTCOUPON
Bitte senden Sie mir mehr Informationen über KitchenAid - Küchenmaschinen

Name: _____

Straße: _____ PLZ, Ort: _____

Auf Postkarte oder im Briefumschlag an: KitchenAid, Hobart GmbH · Am Holderstock 4 · 7600 Offenburg

Alphabetisches Inhaltsverzeichnis

	Seite
Ananas „Surprise"	158
Anisplätzchen	186
Apfelkompott	132
Apfelkren, Wiener Tafelspitz mit	80
Apfelkuchen, französischer	172
Apfelpfannkuchen	135
Apfelscheiben, gedünstete mit Schlagsahne	143
Artischockenherzen, kalte Ochsenzunge mit	29
Auberginengericht	128
Badener Kräbeli	186
Bananen-Blumenkohl-Salat	26
Bienenstich, gefüllter	178
Birnen-Auflauf	139
Birnen auf Vanille-Eiscreme	149
Birnendessert Alma	148
„Black Pear"	193
Blätterteig-Käsekuchen	163
Blätterteigtörtchen „Osterei"	170
Blumenkohl, italienisch	104
Blumenkohl mit Käsesoße	105
Böhmische Liwanzen	134
Bohnen, Birnen und Speck	127
Bohnen, Weiße, in Tomatensoße	130
Brabanter Kartoffeln	115
Brathähnchen mit Morchelsoße	94
Broccoli, überbackener	107
Brombeerbowle	200
Buletten, Tomatengemüse mit	122
Cherry Blossom	192
Chinatown	195
Chinesisches Schweinefleisch	92
Cornflakes-Plätzchen	181
Cumberland-Soße	48
Curry von Schweinefleisch	84
Dampfnudeln, gefüllte	136
Eier in Gelee	68
Eierpfanne mit Champignons und Sahne	65
Eier, Russische	66
Eiersalat	23
Eier, verlorene, auf Tomatenreis	67
Eiscreme-Drink	191
Englischer Cake	173
Erdbeerbowle	196
Erdbeer-Drink	190
Erdbeeren mit Burgunder	147
Erdbeertörtchen	165
Fasan Winzerin Art	99
Fischcremesuppe	39
Fleischklöße, überbackene, mit Champignons	60

	Seite
Fischragout „Räucherkate"	52
Fischsuppe „Mallorquina"	38
Fleischklößchen, Gemüsesuppe mit	35
Fleischklöße, Schwedische	75
Forellen, gefüllte	50
Forellen „Hoteliers-Art"	61
Frankfurter Kranz	176
Französischer Apfelkuchen	172
Frühkohl mit Möhren und Schweinefleisch	126
Gazpacho, kalte spanische Salatsuppe	37
Gemüsesuppe mit Fleischklößchen	35
Gewürztörtchen	169
Gin-Orange	191
Goldbarschfilet „Bonne Femme"	53
Gooseberry-Fool	157
Grünkohl mit Bauernbratwurst	111
Gulasch, Szegediner	88
Gurkenbowle	197
Hähnchen, gekochtes, mit Paprikasoße	93
Hähnchenherzen in pikanter Soße	101
Hähnchen in der Tonform	98
Hähnchen mit Krabbensoße	97
Hähnchen Veroneser Art	102
Hammelkeule „Bäckerin-Art"	87
Haselnußcreme	151
Hawaii-Steaks, pikante	73
Hechtschnitten in Kräutersoße	57
Heilbutt, gedünsteter, mit Krabbensoße	59
Heringe, gebackene, mit Kartoffelsalat	54
Heringssalat, roter	24
Herzoginplätzchen	183
Himbeer-Bowle	199
Himbeerkaltschale	152
Himbeerkonfitüre	156
Himbeersoße, heiße, Vanille-Creme mit	140
Holländische Soße, echter Salm mit	56
Hot Kiss	195
Hot Scotch	194
Huhn à la Königin	100
Hummersoße, Seezungenröllchen mit	51
Jägersoße, Rahmschnitzel mit	86
Jamaica-Boy	194
Johannisbeergelee	48
Johannisbeer-Windbeutel	166
Joghurtsoße, Schwarzwurzeln mit	118
Käse-Blätterteig-Kuchen	163
Käsekartoffeln, gebackene	113
Käsekuchen mit Streuseln	179
Käsesoße, Blumenkohl mit	105
Käsesoufflé mit Schinken und Lauch	117
Käsetoast mit Birnen	14
Käsetoast, Tilsiter	17
Käse-Würstchen	16

	Seite		Seite
Kaffeeplätzchen	181	Pastetchen mit Wildragout	96
Kalbsfrikandeau, gebratenes	77	Pfirsich-Eisbecher	153
Kalbsleber, provencalisch	70	Pfirsich „Melba"	156
Kalbsrücken „Orloff"	81	Pflaumenkompott, Quarkkeulchen mit	133
Kalte spanische Salatsuppe (Gazpacho)	37	Pikante Soße zu Zunge, Steaks u. Braten	45
Kaltschale, Himbeer-	152	Pikante Törtchen mit buntem Salat	18
Kaltschale, Melonen-	155	Pizza, neapolitanische	161
Karpfen blau mit Sahne-Meerrettich	58	Pizza, Tomaten-	160
Kartoffelpuffer	119	Porree mit Käse überbacken	106
Kartoffelsalat, gebackene Heringe mit	54	Pudding, warmer	142
Kasseler, warmes, mit buntem Kartoffelsalat	79		
Kirsch-Eisbecher	154	Quarkauflauf mit Äpfeln	137
Kirschenkompott, Quarkknödel mit	138	Quarkcreme mit Pfirsichen	144
Knabbergebäck	182	Quarkkeulchen mit Pflaumenkompott	133
Kohlrabi-Gemüse mit Hähnchenbrüsten	123	Quarkknödel mit Kirschenkompott	138
Kokosplätzchen	181	Quarkpfannkuchen mit Apfelkompott	132
Krabbensoße	44		
Kräuterbutter, Makrelen mit	62	Ragoût fin, Pastetchen mit	11
Kräutercreme, gebratenes Schollenfilet mit	55	Rahmschnitzel mit Jägersoße	86
Kräutercremesuppe	41	Red Apple	193
Kräutersoße, Hechtschnitten in	57	Red Velvet	192
Kraut-Ananas-Salat	12	Rehbraten, kalter mit Waldorfsalat	28
		Rinderzunge mit Madeirasoße	71
Lammragout mit Curry	90	Rindfleisch mit Paprikaschoten	91
Leber- und Blutwurst in Marinade	20	Roastbeef, gebratenes	82
Leberknödelsuppe	43	Rosenkohlgemüse mit gebratenem Käse	108
Lebkuchen, weiße Nürnberger	184	Rosenkohl im Teig	120
Lebkuchenherzen	185	Rosenkohl in Specksoße	116
		Rosenkohl „Vinaigrette" mit Schweinebraten	109
Madeirasoße	45	Rosenkuchen	180
Maiskolben mit Butter und Schinken	114	Roter Heringssalat	24
Maissalat, gefüllte Tomaten mit	18	Rotweinbowle, spanische	198
Makrelen in Kräuterbutter	62	Rouladen „Hausfrauenart"	89
Mandarinencreme	145	Rumsoße	47
Mandelbögen	188	Rumstreifen	187
Mandeltorte „Osterhase"	174	Russische Eier	66
Marmorkuchen	177		
Marzipanmakrönchen	182	Sahne-Meerrettich, Karpfen blau mit	58
Melonenkaltschale	155	Salat Astoria	22
Möhren-Weißkraut-Salat	27	Salat „Café Anglais"	19
Muschelsuppe, gratinierte	40	Salm, echter, mit Holländischer Soße	56
		Sauerkirschsoße	46
Neapolitanische Pizza	161	Sauerkraut, ungarisches	112
Nudelsalat „Dänische Art"	25	Schinkenhörnchen	162
Nürnberger Lebkuchen, weiße	184	Schinkenrollen mit Palmenmark	18
		Schinkensteaks, gegrillte mit Rührei	72
Ochsenzunge, kalte, mit Artischockenherzen	29	Schinkensülze	30
Omelett mit Kräutern	64	Schlesisches Häckerle	21
Orangencreme mit Bananen	150	Schlosserbuben	164
Orangen-Wein-Gelee	146	Schmorbraten, pikanter	83
Osterbrötchen	168	Schoko-Aprikosen-Plätzchen	181
Osterroulade	175	Schokoladen-Eiscreme mit Vanilleschaum	141
		Schokoladenkugeln	183
Paprikakartoffeln mit Rostbratwürstchen	125	Schoko-Sesam-Plätzchen	181
Paprikasoße, gekochte Hähnchen mit	93	Schollenfilet, Gebratene mit Kräutercreme	55
Pastetchen mit Ragoût fin	11	Schwarzwälder Schäufele	74
Pastetchen mit Tomaten-Rührei	63	Schwarzwurzel-Pfannkuchen	118

	Seite		Seite
Schwedische Fleischklöße	75	Tomaten, gefüllte, mit Maissalat	18
Schweinebraten „Florida"	76	Tomatengemüse mit Buletten	122
Schweinebraten, Rosenkohl		Tomaten-Pizza	160
„Vinaigrette" mit	109	Tomatensuppe mit Mais	34
Schweinefleisch, chinesisches	92	Türkisches Auberginengericht	128
Schweinefleisch, Curry von	84		
Schweinekoteletts	78	Ungarisches Sauerkraut	112
Schweineröllchen mit Käse	85		
Seezungenröllchen in Hummersoße	51	Vanille-Eiscreme mit heißer Himbeersoße	140
Sellerieklopse	121	Vanilleplätzchen	181
Sellerie Meraner Art	110	Verlorene Eier auf Tomatenreis	67
Serbisches Reisfleisch	129	Vermouth Drink	190
Spanische Rotweinbowle	198		
Spanische Salatsuppe, kalte (Gazpacho)	37	Waldorf-Salat	13
Spargel-Cocktail „Frühlingsabend"	10	Warmer Pudding	142
Spargelsalat „Bündner Art"	32	Weihnachtsgebäck, allerlei	181
Spargeltoast mit Lachs und Rührei	15	Weiße Bohnen mit Tomatensoße	130
Spinatsuppe	36	Wiener Tafelspitz mit Apfelkren	80
Stachelbeerkonfitüre	157	Wildragout, Pastetchen mit	96
Subrics mit rohem Schinken	124	Wildschweinragout mit Semmelknödel	95
Sülzkoteletts	31	Windbeutel, Johannisbeer-	166
Suppe à la Gärtnerin	42	Windbeutel mit Vanillecreme	167
Szegediner Gulasch	88		
		Zimtmandeln, gebrannte	182
Tafelspitz, Wiener mit Apfelkren	80	Zimtsterne	185
Tilsiter Käsetoast	17	Zwetschgenkuchen	171
Törtchen, pikante	18		